杰出的造园大师

曹雪芹生平新探

曹昌彬 曾庆华 著

哈尔滨出版社
HAERBIN PUBLISHING HOUSE

图书在版编目（CIP）数据

我国杰出的造园大师曹雪芹生平新探 / 曹昌彬，曾庆华著. —哈尔滨：哈尔滨出版社，2020.8

ISBN 978-7-5484-5511-0

Ⅰ. ①我… Ⅱ. ①曹… ②曾… Ⅲ. ①曹雪芹（1715-1763）-人物研究 Ⅳ. ①K825.6

中国版本图书馆CIP数据核字（2020）第162136号

书　　名：我国杰出的造园大师曹雪芹生平新探

作　　者：曹昌彬　曾庆华　著
责任编辑：李金秋
责任审校：李　战
封面设计：素　言

出版发行：哈尔滨出版社（Harbin Publishing House）
社　　址：哈尔滨市松北区世坤路738号9号楼　　邮编：150028
经　　销：全国新华书店
印　　刷：廊坊市旭日源印务有限公司
网　　址：www.hrbcbs.com　　www.mifengniao.com
E-mail：hrbcbs@yeah.net
编辑版权热线：（0451）87900271　87900272
销售热线：（0451）87900202　87900203
邮购热线：4006900345　（0451）87900345　87900256

开　　本：787mm×1092mm　　1/16　　印张：15.1　　字数：152千字
版　　次：2020年8月第1版
印　　次：2020年8月第1次印刷
书　　号：ISBN 978-7-5484-5511-0
定　　价：68.00元

凡购本社图书发现印装错误，请与本社印制部联系调换。　服务热线：（0451）87900278

前　言

　　这本小册子由九篇文章组成，阐述了两个主题：一个是确定曹雪芹有一套新颖、成熟、完整的造园思想；一个是想重新塑造曹雪芹的形象。

　　我们是在研究大观园和绘制《大观园平面复原示意图》时发现"曹雪芹造园思想"的。随后又意识到"曹雪芹造园思想"现在仍可用来作为规划和设计园林的指导思想。

　　这一发现使我们既高兴，又担心。高兴的是：我们终于取得了有实用价值的研究成果。担心的是：怕有人说我们总结出来的"曹雪芹造园思想"是胡乱拼凑起来的。打着的是曹雪芹的幌子，贩卖的却是自己的私货。为了清除这类误解，我们想，如果找到大观园的艺术原型，就不难找出"曹雪芹造园思想"的来龙去脉；如果能证明曹雪芹果真是一位职业造园师，那他有一套造园思想，就不会令人感到意外，我们也就可以不去担心了。

　　正是在这一想法的推动下，我们勉为其难地踏上了一条神秘而又陌生的"红学"之路。

　　在红学家们研究的基础上，我们终于找到了大观园的"三大艺术原型"——萃锦园、随园和长春园。我们正是以这三座园为媒介，去探寻曹雪芹的生平的。

　　通过萃锦园，我们探知到曹雪芹青少年时代的生活详情；通过随园和长春园，我们探知到曹雪芹是一位职业造园师；通过曹雪芹晚年迁居"寂寞西郊"，探知到他晚年生活的某些片段。这就为我们重新塑造曹雪芹的形象提供了必要的素材。这样，这本小册子的两个主题便融合在一起了。

"从曹雪芹的造园思想到大观园的艺术原型，从大观园的艺术原型到曹雪芹的生平"，这本小册子所记叙的就是这样一条我们经历过的"红学"探索之路。这也是这本小册子用了一半以上的篇幅大谈园林建筑的原因。

通过曹雪芹的造园思想来探索曹雪芹生平，是一项全新的工作。因此，需要有一个新的观点和一套新的思考方法。我们选用的新观点是建筑学的观点；选用的新方法是胡适先生的"假设求证"法。新观点使我们不致周旋于现在通行的某些观点之中而不能自拔；新方法可使我们从林林总总的资料中脱身出来，集中精力于某些有针对性的资料。事实证明，我们的选择没有错。

新观点、新方法，必然会产生新结论。故我们并没有因新结论与过去的某些旧结论不同而感到惴惴不安。

当我们在"红学"之路上刚刚起步，接触到有关曹雪芹生平资料的时候，第一印象就是资料的矛盾太多，足令人望而却步。

但是，我们并没有因矛盾多而踟蹰不前。我们想，真实的历史总是合情合理的，记录历史的史料也应该是合情合理的，而不可能有太多的矛盾。曹雪芹生平材料之所以矛盾重重，总该有它的原因。要么资料全错了，但可能性不大；要么研究者把资料解释错了，这样正好为我们用新观点、新方法重新解释这些资料打开了方便之门。同时，也为我们重新解释这些资料指明了方向——尽量去化解矛盾，消除矛盾。

很幸运，我们运用新观点、新方法的结果是，资料中的众多矛盾果然化解了、消除了。这就有理由可以说，我们用新观点、新方法得出来的新结论，更接近历史真实。

一九八九年初，当这本小册子中的几篇文章写完初稿时，朋友们提出不少意见。这些意见，我们多数都采纳了。但也有个别意见我们不同意。

例如有一条意见说：这组文章考证不像考证，论文不像论文；引用资料少，主观推论多，难登大雅之堂。

这位朋友的意见似乎不够客观。

考证文章没有一定之规，讲究的是证据。证据不能局限于纯粹史料，也包括历史文物。萃锦园、随园和长春园遗迹，都是我们珍贵的历史文物，都应该算是史料。特别是萃锦园，至今保存完好，稍加修缮后，已成北京著名的旅游景点，现每天游人如鲫，更是活生生的"大史料"。写考证文章，难道非要钻进故纸堆中发现那么三两条史料不可吗？我们花了这么多篇幅来谈萃锦园等三座园，并得出了相应的结论，为什么就不算考证文章呢？怎么能说"引用史料少，主观推论多"呢？

至于说"难登大雅之堂"倒是事实，我们也没有"登大雅之堂"的奢望。能被读者认为是一组通俗的普通的文章，也就心满意足了。

一九九二年六月 于钓雪斋

目 录

第一篇　从大观园探曹雪芹的造园思想

曹雪芹何时撰写《红楼梦》？说法不一。有人说是乾隆九年（1744）至乾隆十九年（1754），也有人说是乾隆十四年（1749）至乾隆二十四年（1759）。我们若将此两种说法综合合并，谓《红楼梦》写于乾隆九年至二十四年之间，该不会有人反对吧？！

乾隆九年至乾隆二十四年，是北京城区和西郊一带园林建设最为兴旺发达的时期。乾隆皇帝在位六十年，搞了五十年的园林建设。头十年主要搞皇宫内苑的修缮，接下来便是乾隆十年至乾隆二十四年。集中力量在北京城区和西郊一带大造园林，一气搞了十五年。乾隆二十四年以后，乾隆皇帝才把建设的重点移往承德、东北及江南等地。在皇帝大力倡导下，朝廷的王公贵族们便尾随其后，西郊一带的王公园、贝子园、公主园等相继建成，一时在北京掀起一场声势浩大的造园高潮。其建设规模之大，景点数量之多，建筑质量之好，在我国造园史上，都占有重要地位。

《红楼梦》的问世和北京园林建设高潮同步，很难说这是偶然的巧合。文学艺术是现实生活的反映。《红楼梦》中的大观园写得那么逼真传神，不可能完全出自作者的臆造。它必然来源于现实生活，与现实生活有着各种各样的联系。

多年来，红学界从文学、史学的角度研究《红楼梦》，研究曹雪芹，已经取得了很大的成绩。这里，我们想从一个新的角度——建筑学的角度来进行研究。因为是一条新的探索之路，出现失误，易于取得人们的谅解，故不辞鄙陋，撰写此文，希望专家学者们批评指正。

一、大观园探胜

我们询问过不少看过《红楼梦》的朋友，问大观园里哪一处的景色最好，给他们留下的印象最深。回答都差不多——稻香村。这也难怪，在花团锦簇的大观园中，倏尔出现一片田园风光，使人的精神为之一振，为之耳目一新。请看：

"……倏尔青山斜阻，转过山怀中，隐隐露出一带黄泥筑就矮墙，墙头皆用稻茎掩护，有几百株杏花，若喷火蒸霞一般，里面数楹茅屋，外面却是桑、榆、槿、柘，各色树稚新条，随其曲折，编就两溜青篱。篱外山坡之下，有一土井，旁有桔槔辘轳之属。下面分畦列亩，佳蔬菜花，漫然无际……"

看了这段文字以及书中其他有关稻香村的描写，就会理解为什么大家那么喜爱稻香村了。

但我们更感兴趣的是稻香村的完整性。你看，一侧有斜阻的青山，将它与潇湘馆等景点隔开；另一侧有山坡，转过山坡才能看到下一个景点；背面是"背山山无脉"；前面是分畦列亩、佳蔬菜花漫然无际的农田。可见它前后左右，四界分明，自成体系；就是把它从大观园中游离出来，其意境情趣也不致受到太大的影响。在建筑学上，园林中这种空间完整、特色鲜明，可以与周围景色隔离开来的地段，叫作"景区"。稻香村是大观园中一个独立、完整、富有特色的景区。为行文方便，我们称它为"稻香区"。

用"景区"的观点来分析大观园，可以收到意想不到的效果。原来大观园是由六个景区拼合而成的。如果对六个景区的范围、特色及在大观园中所占的位置等有了大致的了解，就等于了解了大观园。不然，园子那么大，庭院那么多，山水林木，五花八门，要介绍清楚都不容易，还怎么去一一评价它们的得失？

"从'景区'入手"，是我们经过长期摸索后找到的一条捷径，下面就沿着这条捷径，来剖析大观园。

（一）大观园的"景区"划分

大观园由六个"景区"拼合而成，如上述。《红楼梦》第十七至十八回中，对各景区的主要建筑、景致和它们的相对位置做了详细介绍。为加深读者的印象，我们不妨跟着贾政的游园路线，再绕园一周，看看曹雪芹是怎样对六个景区进行艺术概括的。

贾政等穿过石洞"曲径通幽处"以后：

"只见佳木茏葱，奇花闪灼，一带清流，从花木深处曲折泻于石隙之下。再进数步，渐向北边。平坦宽豁，两边飞楼插空，雕甍绣槛，皆隐于山坳树杪之间。俯而视之，则清溪泻雪，石磴穿云，白石为栏，环抱池沿，石桥三港，兽面衔吐，桥上有亭……"

"于是出亭过池，一山一石，一花一木，莫不着意观览。忽抬头看见前面一带粉垣，里面数楹修舍，有千百竿翠竹遮映。"

桥上的亭子即沁芳亭，翠竹中的修舍即潇湘馆。

这是进入大观园后的第一个"景区"。结合书中其他描写，我们知道这里花木繁茂，溪水纵横，建筑之华丽，连元妃看了也深叹奢华过度。它是人间花柳繁华之地的缩影，贾府富贵风流的象征。因其位于大观园的前部，故命名为"园前区"。

从园前区转过斜阻的青山是"稻香区"，转过稻香区旁的山坡是另一批新的景点，有荼蘼架、木香棚、牡丹亭、芍药圃、蔷薇院、芭蕉坞等。从景点的名称可以看出，这里是园主人观赏花卉的地方，是大观园里的后花园。我们把它叫作"花圃区"。

自"花圃区"沿盘山小道，攀藤俯树，翻越"大主山"，过折带朱栏板桥，迎面便是一座小小的庭院：

"便见一所清凉瓦舍，一色水磨砖墙，清瓦花堵；那大主山所分之脉，皆穿墙而过。贾政道：'此处这所房子，无味的很。'因而步入门时，忽迎面突出插天的大玲珑山石来，四面群绕各式石块，竟把里面所有房屋悉皆遮住，而且一株花木也无。只见许多异草，或有牵藤的，或有引蔓的……"

这就是后来归宝钗居住的蘅芜苑。离蘅芜苑不远，是大观园的正殿和东西配楼等一组建筑（后文简称"省亲别墅"）。书中将这组建筑描写得金碧辉煌，十分气派。只见它：

"崇阁巍峨，层楼高起，面面琳宫合抱，迢迢复道萦纡，青松拂檐，玉栏绕砌，金辉兽面，彩焕螭头……只见正面现出一座玉石牌坊来，上面龙蟠螭护，玲珑凿就。"

从上面的描写看，这组建筑的华丽程度，远远胜过园前区，仿若天上的宫阙。因此，我们把这组建筑连同蘅芜苑一带，统称为"天上区"。

贾政等游览至此，适有人等着回话，对园内景色便不及细看。于是一路行来：

"或清堂茅舍，或堆石为垣，或编花为牖，或山下得幽尼佛寺，或林中藏女道丹房，或长廊曲洞，或方厦圆亭。"

接着便进了怡红院，游览完怡红院，出后门，只见：

"院中满架蔷薇、宝相。转过花障，则见青溪前阻……忽见大山阻路……直由山脚边忽一转，便是平坦宽阔大路，豁然大门前见。"

至此，贾政等游园乃告结束。

我们将自天上区至怡红院一片景区，命名曰"寒塘区"；自怡红院后门至大门一片景区，命名曰"葬花区"。

这样我们便跟随贾政游览完大观园的六个景区，还给它们命了名。它们的名称是：园前区、稻香区、花圃区、天上区、寒塘区和葬花区。

如果设想大门和"省亲别墅"在同一南北轴线上，根据贾政的游园路线，可画出各景区的相对位置图（如图）。

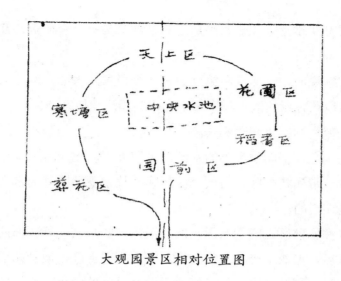

大观园景区相对位置图

除上面六个景区外，园内还有一个面积相当大的水池。书中没有正面写这个水池，但却多次暗示这个水池的存在和它的具体位置。

《红楼梦》第四十回至四十一回中说：贾母在缀锦阁摆宴，命梨香院的女孩子们在藕香榭奏乐。

"贾母道：'就铺排在藕香榭的水亭子上，借着水音更好听。'……不一时，只听得箫管悠扬，笙笛并发。正值风清气爽之时，那乐声穿林度水而来，自然使人神怡心旷。"

一曰"借着水音更好听"，又曰"那乐声穿林度水而来"，可推知缀锦阁和藕香榭之间，有一片不小的水面。缀锦阁在天上区，藕香榭自当在天上区的对岸，相当于园前区的位置。亦即天上区与园前区之间，有一片不小的水面。

第七十六回中写道：园里有一座"洼而近水"的凹晶溪馆，"爱那皓月清波的"可以来此赏月；中秋之夜，黛玉、湘云来这里赏月时：

"只见天上一轮皓月，池中一轮水月，上下争辉，如置身于晶宫鲛室之内。微风一过，粼粼然池面皱碧铺纹，真令人神清气净……"

"（池）沿上一带竹栏相接，直通着那边藕香榭的路径。"

"只听那（水中）黑影里嘎然一声，却飞起一个白鹤来，直往藕香榭去了。"

这段文字说明，在凹晶溪馆近旁有一个很大的水池，水池的池沿和水面，都与那边藕香榭的池沿和水面相连。凹晶溪馆属寒塘区。

《红楼梦》称，"紫菱洲蓼溆一带"，可见两处相隔不远。紫菱洲上建有迎春院，是一个面积不小的水洲，水洲周围，也应有一片相当宽阔的水面。蓼溆一带属花圃区，与天上区相邻，故紫菱洲四周的水面与天上区前的水面是连通的。

天上区和园前区之间的水面，凹晶溪馆前的水面，紫菱洲四周的水面相互连通以后，形成一个更大的水面。它北临天上区，南抵园前区，一侧靠寒塘区，另一侧接花圃区，正好位于四个景区的中央，我们把它命名为"中央水池"。

除大门及后门一带外，大观园的六个景区和一个中央水池，我们便介绍完了。据此，我们结合《红楼梦》中有关大观园的其他文字资料，绘制了一张《大观园平面复原示意图》。在绘图过程中，自然要考虑不少问题。我们将考虑过的问题略加整理，作为示意图的说明。示意图和示意图说明附后，供读者阅读本文时参考。

（二）大观园诸景区的特色

"景区"应该有自己的特色。正如园林设计师们所常说的那样："没有特色，便没有景区。"

大观园受到人们喜爱的原因之一，就在于各景区都有鲜明的特色。稻香区自不必说，园前区华屋精舍、佳木奇花，一派兴旺景象，也非同一般。然而，其他几个景区，是否也有特色呢？众所周知，作家们描写景色的办法很多，可以正面描写，也可以用其他办法从侧面烘托出景物的形象。例如，陆游有一首写沈园的诗，仅四句，其词是：

"城上斜阳画角哀，沈园非复旧池台。

伤心桥下春波绿，曾是惊鸿照影来。"

四句诗没有一句正面写沈园，但读者读后却可以想象出沈园过去的绚丽繁华和如今的荒凉冷落。《红楼梦》中这样的例子很多。就拿黛玉葬花来说，纵使书中对黛玉葬花处周围的景色只字未提，但在读者的心目中，它一定是一处非常清静、非常幽美的地方，一位朋友说得好："一个黛玉葬花的故事，抵得上一篇上好的描写风景的文章。"

下面着重谈谈葬花、寒塘、天上三区的景色特点，以及曹雪芹用了哪些手法，来烘托、刻画它们的特色。

1. 葬花区

曹雪芹正面描写葬花区时着墨不多。只说这里有"花障""满架蔷薇、宝相""青溪前阻""大山阻路"等，没有什么引人入胜的地方。但若提醒说，黛玉曾经在这里葬花，人们便马上会对这片景区产生美好的联想。画家们在画国画时，有一种技法叫"渲染"，即一层一层地在画面上着色。每着一次色，效果便好一成。"渲染"的次数愈多，画面上的形象便愈清晰。描写景物时也是这样。一个美丽的故事等于一次"渲染"，一个又一个故事在同一景区发生，景区的特色也会愈来愈鲜明。故事常常带有感情色彩，这种感情色彩同样能转移给景物，其效果往往是正面描写所难以做到的。

我们将大观园中发生的故事做了整理，并参照《大观园平面复原示意图》，逐一标出了故事发生的地点，结果使我们大吃一惊。这不仅因为葬花区发生的故事最多，更因为有关"儿女情"的风流韵事几乎全部都发生在这里。其他一些如拾遗物、小解等故事或情节，也颇具特色。现将在葬花区发生的故事，分类整理如下：

甲　有关"儿女情"的风流故事

（1）司棋与潘又安在大门附近的"山石背后"幽会；（第七十一回）

（2）红玉与坠儿在滴翠亭谈私房话；（第二十七回）

（3）龄官在蔷薇架下画"蔷"字；（第三十四回）

（4）宝玉在池沿的芙蓉树下祭晴雯；（第七十八回）

（5）宝玉和黛玉在沁芳闸桥边读《西厢记》、葬花；（第二十三回）

（6）黛玉在花冢的山坡那边吟葬花词；（第二十七回）

（7）黛玉没有叫开怡红院的门，后又见宝玉送宝钗出来，便立在墙角边呜咽起来；（第二十六回）

（8）黛玉途经梨香院墙角上时闻艳曲，不觉心痛神痴；（第二十三回）

（9）紫鹃在沁芳亭背后的桃花底下"情辞试忙玉"。（第五十七回）

除有关"儿女情"的故事外，颇具特色的故事或情节计有：

乙　拾到重要遗物的情节两起

（1）翠缕在蔷薇架下拾到金麒麟；（第三十一回）

（2）傻大姐在"山石背后"拾得绣春囊。（第七十三回）

丙　节日下来此春游的情节两起

（1）宝钗捕蝶；（第二十七回）

（2）芒种节凤姐等在滴翠亭附近春游。（第二十七回）

丁　有关小解的情节三起

（1）宝玉在园门附近的"山石背后"小解；（第五十四回）

（2）鸳鸯拟在大门附近的"山石背后"小解；（第七十一回）

（3）司棋从滴翠亭附近的山洞里出来，站着系裙子。（第二十七回）

上面十六个故事或情节中，除最后四个外，都是见诸《红楼梦》回目中的重要故事。曹雪芹把这么多富有特色的故事汇集于葬花区绝不是偶然的，他的重要目的之一，就是用一个又一个美丽的故事来塑造、渲染葬花区。

典型环境有利于渲染、烘托典型人物和典型故事；反过来，典型人物和典型故事也有利于渲染、烘托典型环境。葬花区经过十六个故事和情节的反复渲染、烘托，它的形象、意境、气氛、情调完全表现出来了。

有关"儿女情"的故事告诉我们，葬花区是一个幽美、风流的景区；

拾遗物、小解等情节，隐含着这里冷僻、寂静、行人稀少的暗示；住在花柳繁华之地的大观园里的姑娘小姐们，节日里来此春游，说明这里的景色，有别于其他景区，更接近天然野趣，有一种清新粗犷之美。可见葬花区是一个清幽寂静、淡雅风流、自然清新、饶有情趣的景区，其特色是十分鲜明的。

从《大观园平面复原示意图》看，葬花区的面积不大，位于大观园一角。这使我们联想到现代园林中特意为青年男女安排的"谈情说爱区"。北京不少公园都有这样的"谈情说爱区"，区别仅在于我们想象中的葬花区更加幽美而已。

下面这张《葬花区平面示意图》标明了各个故事发生的具体地点，可供读者参考。

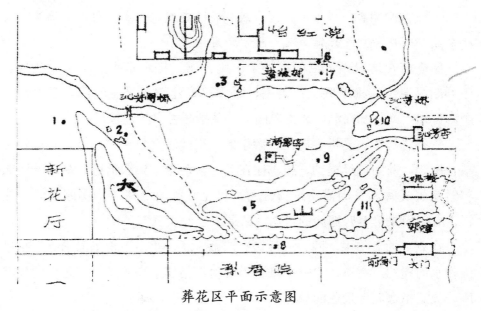

葬花区平面示意图

1.黛玉吟葬花词处（花冢的山坡那边）

2.宝玉、黛玉读《西厢记》、葬花处（沁芳闸桥旁）

3.宝玉祭晴雯处（池岸边）

4.红玉、坠儿说私房话处（滴翠亭内）

5.凤姐等春游处（滴翠亭附近山坡上）

6.黛玉呜咽处（墙角边）

7.龄官画"蔷"、翠缕拾金麒麟处（怡红院后门外蔷薇架下）

8.黛玉闻艳曲处（梨香院墙角处）

9.宝钗扑蝶处（滴翠亭前）

10.紫鹃"情辞试忙玉"处（沁芳亭背后）

11.司棋幽会、傻大姐拾绣春囊、宝玉等人小解处（大门、前角门附近的石背后）

2.寒塘区

即天上区沁芳闸（桥）以南，怡红院以北的一片景区。曹雪芹在形容这片景区时，只泛泛用了七句短语：

"或清堂茅舍，或堆石为垣，或编花为延牖，或山下得幽尼佛寺，或林中藏女道丹房，或长廊曲洞，或方厦圆亭。"

脂砚斋在这段话的后面，加了一则评语，提示是指嘉荫堂、凸碧山庄、凹晶溪馆、栊翠庵、芦雪庵、暖香坞等建筑。将这段话与脂评相对照，可知"或长廊曲洞，或方厦圆亭"系指暖香坞等建筑而言。

暖香坞等建筑是惜春居住、游乐的一组建筑，包括暖香坞、蓼风轩、藕香榭等。前面已经提到，藕香榭在天上区对岸，属园前区。从寒塘区的芦雪庵去暖香坞，尚需路过藕香榭，可见暖香坞等建筑均属园前区。这样，专门用来形容寒塘区的语句，只剩下了前面五句。

在剩下的五句中，四、五两句有明确含意，"山下得幽尼佛寺"指傍山临水而建的芦雪庵，"林中藏女道丹房"指建于嘉荫堂林木之后的栊翠庵。故泛指寒塘区景色的只有三句话，十五个字，即：

"或清堂茅舍，或堆石为垣、或编花为牖。"

茅舍、清堂、石垣，花牖，说明本区的建筑十分简陋寒碜。这是寒塘区的第一个特点。

作者对寒塘区的建筑做一般的描述以后，又挑出其中两栋做了详细的刻画。

其一：芦雪庵

"盖在傍山临水河滩之上，一带几间，茅檐土壁，槿篱竹牖。推窗便可垂钓，四面都是芦苇掩覆。一条去径逶迤穿芦度苇过去，便是藕香榭的竹桥了。" （第四十九回）

其二：凹晶溪馆

"……乃凸碧山庄之退居，因洼而近水，故颜其额曰'凹晶溪馆'。因此处房宇不多，且又矮小，故只有两个老婆子上夜。" （第七十六回）

凹晶溪馆的栏杆是用"直棍"做的，"从头数至尽头，止得十三根。"（栏杆间距按20厘米计算，总长不足3米。）

两处建筑，一处"茅檐土壁，槿篱竹牖"，一处"房宇不多，且又矮小"，以"直棍"作栏杆，寒碜简陋可知。不要说与天上区、园前区、花圃区的建筑无法比拟，就是与稻香村相比，也要等而下之。

人们常常根据林木、花卉、饰物等的观赏价值来评定它们的档次，如松、柏、槐、柳等被视为高档次林木；牡丹、芍药、兰、菊等被视为高档次花卉；石板、方砖墁路优于泥泞小径；石栏更被视为上品。故造园时多选用高档次的林木花卉、石栏砖径，以提高园林的观赏价值。但寒塘区却反其道而行之：池边是河滩地，河滩上掩覆着登不了大雅之堂的芦苇，池沿的栏杆是竹子做的，道路是逶迤穿芦度苇的小径。这还不算，最有意思的是这里有一座"清堂"，取名嘉荫堂。嘉荫者，树荫嘉美也，树则未必嘉，想来系一片观赏价值不高的野杂林。故妙玉称之为怪木。妙玉有诗："木怪虎狼蹲。"

这么多低档次的景物汇集在这里，在园中其他繁华景区的对比下，就显得更加荒凉冷寂了。可见寒塘区的第二个特点是建筑物档次低下，景色荒凉。

寒塘区的第三个特点，是它被三个凄楚的故事，抹上了一层灰暗的色彩。

曹雪芹在这里安排了三个小故事。

第一个故事是贾母在凸碧山庄设中秋夜宴。这次夜宴是贾府从没落走向衰亡的转折点。酒未开樽，贾母便叹息人少。宴会进行得冷冷清清。自始至终笼罩着一层"无可奈何花落去"的气氛。

第二个故事是黛玉、湘云在凹晶溪馆深夜联句。凹晶溪馆的景色本来荒凉，更兼夜深人静，黛玉、湘云的联句诗中，一再出现"更残""漏涸""酒尽""笑寂"之类"颓丧""凄楚"的句子，联句的最后两句，把"颓丧""凄楚"的感情推向高潮。

"寒塘渡鹤影，冷月葬花魂！"

全诗所渲染的意境，真有如"寒塘冷月"，好不凄凉冷淡！

第三个故事是鸳鸯拒婚。地点在芦雪庵附近（请参看《红楼梦》第四十六回及《大观园平面复原示意图》）。鸳鸯是荣府最有脸面的丫头。上有贾母的宠信和庇护，下有众丫头（及宝玉等）的同情和支持，在贾赦的淫威下，却终究逃脱不了一命赴黄泉的结局，充分反映了贾府丫头们的悲惨命运。

简陋的建筑，荒凉的景色，凄楚的故事，令人动容，令人惊心动魄！这就是寒塘区的特色。它和稻香、葬花等景区的特点完全不同，是大观园中特色鲜明、最富于魅力的景区之一。

妙玉有一段题咏寒塘区夜景的诗，可看成曹雪芹对寒塘区的艺术概括。诗曰：

"露浓苔更滑，霜重竹难扪。

犹步萦纡沼，还登寂历原。

石奇神鬼搏，木怪虎狼蹲。

赑屃朝光透，罘罳晓露屯。

振林千树鸟，啼谷一声猿。"

诗中的"萦纡沼""寂历原""神鬼搏""虎狼蹲'"一声猿"等所传达给我们的信息，表现的就不仅仅是寒塘冷月，而是险恶丛生的悲惨世界了。

3.天上区

天上区的"省亲别墅"和蘅芜苑,前面已经介绍过了。"省亲别墅"富丽堂皇,蘅芜苑简洁朴质,两处对比强烈。将它们放在一起,有点不伦不类,很难看出有什么共同的地方。但是,如果读者搞清了花溆萝港在大观园中的地位和作用以后,便会对天上区有一个全新的理解。

萝港,是大主山下一条穿山水道,可以行船。游人只有乘船通过萝港,才能进入天上区。萝港的出水口叫"花溆",进水口叫"洞口"。关于"花溆"的景色,书中写道:

"水声潺湲,泻出石洞,上则萝薜倒垂,下则落花浮荡。"(第十七至十八回)

"洞口"外的景色则:

"只见水上落花愈多,其水愈清,溶溶荡荡,曲折萦迂。池边两行垂柳,杂着桃杏,遮天蔽日,真无一些尘土。"(同上)

水面落花浮荡,使我们联想到《桃花源记》有关"武陵源"的描写:

"……夹岸数百步,中无杂树,芳草鲜美,落英缤纷,渔人甚异之。复前行,欲穷其林,林尽水源,便得一山,山有小口,仿佛若有光。便舍船,从口入,初极狭,才通人。复行数十步,豁然开朗,土地平旷,屋舍俨然……"

书中明写花溆、洞口,实则暗示萝港即大观园里的武陵源。为提醒读者注意,作者还借众门客之口,点明它是"秦人旧舍",是"武陵源"。按"武陵源'的标准含义,花溆以外,是人间大千世界,洞口以里,是"世外桃源"。亦即萝港以外的花圃、稻香、园前等区是人间,萝港以里的天上区,是"世外桃源"。

作者并没有把天上区看成"世外桃源"的简单再现,而把它看成梦幻中的仙境。例如,宝玉见到"省亲别墅"后:

"心中忽有所动,寻思起来,倒像那里曾见过的一般,却一时想不起那年月日的事了。"(第十七至十八回)

宝玉一时寻思不起来的是梦中的"太虚幻境"。又如黛玉为"世外桃源"匾额题诗曰：

"名园筑何处，仙境别红尘。"

可见，天上区、葬花区、寒塘区是大观园中的仙境，是园中的世外桃源。

按这一寓意，回过头来再看有关蘅芜苑、"省亲别墅"的描写，印象就完全不同了。先看蘅芜苑：大主山余脉伸入苑内，外看无味得很，一进门便是插天的大山石，将里面房屋悉皆遮住，山石旁长满各种异草，室内则如同雪洞一般。这不是传说中山中高士们修真养性的神仙洞府吗？"省亲别墅"则崇阁巍峨，层楼高起，琳宫合抱，复道萦纡，玉栏绕砌，彩焕螭头。这不是传说中的天上宫阙吗？故众门客称它为"蓬莱仙境"，李纨的诗中也说："风流文采胜蓬莱。"

根据新的寓意，神仙洞府般的蘅芜苑和蓬莱仙境般的"省亲别墅"，便完全统一起来了。我们把这一景区命名为"天上区"，原因就在这里。

天上区的建筑，论质量，论气派，都高于其他景区；论寓意，也凌驾于其他景区之上。故也是一个特色鲜明的景区。

我们还不妨把除天上区以外的五个景区，统称为"人间五区"。

这样，在天上区，有神仙洞府，有蓬莱仙境，可能还有书中没有详加描写的玉皇殿。

在人间五区，有花柳繁华的园前区，温柔旖旎的葬花区，淡泊恬静的稻香区，苍凉冷漠的寒塘区，还有大观园里的后花园——花圃区，是谓"人间诸景备"。

故元妃为大观园题诗曰：

"天上人间诸景备，芳园应锡大观名。"

4. 花圃区

花圃区是否也有特色？我们遍查《红楼梦》，没有找到合适的答案，最后不得不承认，花圃区是一个没有特色的景区。

在众多特色鲜明的景区中，出现一个没有特色的景区，显得与众不同。这反而成了它的特色。就像在灰色调子中，一块鲜艳的颜色固然非常显眼；在各种鲜艳的颜色中，出现一块灰色，也同样能取得极好的效果。花圃区的特色，就在于它没有特色，是没有特色的特色。

上面我们对六个景区的特色做了初步分析。我们认为，曹雪芹为了塑造好葬花、寒塘、天上三区，花费了更多的心血。

（三）大观园诸景区的分割和联系

我们已经谈了大观园景区的划分和各景区的特色。但是，景区只有彼此隔离开，才易于形成自己的特色，才能够防止相邻景区之间的互相干扰，才会有完整的空间。

山，是大观园分隔景区的主要手段。大观园共有六座山，书中正面描写了其中的五座。它们是：

（1）青山。位于园前区和稻香区之间，走向倾斜，故曰"青山斜阻"，它是上述两区的分界山。

（2）背山。稻香村依背山而建，山无脉，故宝玉说"背山山无脉"。成怀形，故曰"转过山怀中"。山上有几百株杏树，开花时有如喷火蒸霞。背山的山坡是稻香区与花圃区的分隔山。

（3）大主山。位于花圃区和天上区之间，其余脉伸入衡芜苑。贾政宁翻山而过，不愿意绕山而行，说明山的占地面积很大，高度却有限。山下有景点花溆、萝港和洞口，乘船可以从山这边穿到山那边。山上有林木藤蔓，过山时可俯树攀藤。元妃还命人在山坡上多种松柏，说明此山的林木是相当繁茂的。

（4）"高山"。在寒塘区。按传统设景格局，山之阳为正景区。故此山应立于寒塘区的北侧，相当于寒塘区和天上区的分界山。从山下到山脊，计有一百多步（故我们称它为"高山"）。山脚临近中央水池的池沿，山脊上建有供赏月用的凸碧山庄，爱看那"山高月小"的，可来此赏月。因系赏月用山，故林木不会很多，为取得"山高月小"的效果，山势必然陡峻。

大主山和高山，是大观园中体量较大的两座山，它们外形迥异，对比强烈。一座占地面积大，山势平缓，一座比较高，山势陡峻；一座山下有景点花溆萝港，一座山上有景点凸碧山庄；一座林木繁茂，一座林木不多。它们分别扼守于天上区的东西两翼，是天上区的屏障。天上区有了这两座山的拥护，越发显得超尘拔俗，人间天上两分明。

（5）大山。位于葬花区和大门之间，所谓"大山阻路"者是也。从葬花区转过山脚边，才能看见大门。山上有桃林，山下有山石、石洞等。是葬花区的界山。

除上面五座山外，还有一座书上没有明写的山，我们姑且命名为"山障"。"山障"的位置、形状，可以通过有关文字推导。如下：

芦雪庵、藕香榭都是临水的建筑，暖香坞、蓼风轩的命名中，"坞"和"蓼风"。说明它们也是临水建筑。贾母在芦雪庵乘轿，经藕香榭，到惜春院的西夹道门（惜春院包括暖香坞和蓼风轩），这表明芦雪庵、藕香榭、暖香坞、蓼风轩等建筑，一字排开在中央水池的南岸，如下图：

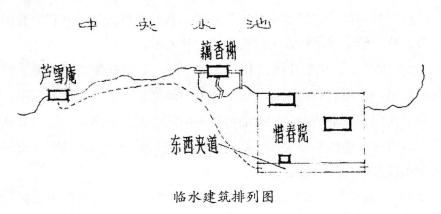

临水建筑排列图

芦雪庵傍山临水而建，故背水一面有山，藕香榭的岸上有山坡，惜春院大门外修建了一条东西夹道，只有大门外有山的情况下，才修建这样的夹道，多见于南方。若将芦雪庵背后的山，藕香榭岸上的山坡，惜春院大门外的山断断续续地连起来，就是我们所要推导的"山障"。它位于天上区的对岸，将园前区沿中央水池一带分隔了出来，同时起到了天上区屏障的作用。《红楼梦》第十七至十八回中，对"山障"的外观有简单的描述，说："两边飞楼插空，雕甍绣槛，皆隐于山坳树杪之间。"说明"山障"的高度不大，有山坳，山上有林木。

"山障"是大观园中一座非常重要的山。没有此山，进入园中，天上区及中央水池四周之景，均可一览无余，毫无余味。这里可借用贾政在评价"翠障"时所说过的一段话。贾政说："非此一山，一进来园中所有之景悉入目中，则有何趣。"如果说"翠障"是大观园的第一道屏风，那么，"山障"便是大观园的第二道屏风，而且是更重要的一道屏风。

上面对园内六座山的简单介绍，证明"山"是大观园分隔景区的主要手段的提法是正确的。在北方建造园林，多掘池堆山，但如何堆山，如何方能使堆就之山，发挥更大的效益，我国有关造园理论的文献中，还没有这方面的论述。颐和园将掘池之土，集中堆放在昆明湖的北岸，效果尚好，但浪费劳力，不足为法。北海公园将掘池之土，在湖中集中堆放，经济上比较合算，但给分区设景带来了困难，现园内景区模糊不清，当与此有关。圆明、绮春、长春等大型园林，虽分散堆山，但或分区缺少变化，或不能与设景很好地结合起来。可见曹雪芹的堆山设想，有很强的针对性和实用价值。

与山的作用相反，"水"，是联系景区的主要手段。

景区与景区如果不能很好地分隔开，便不能形成完整的景区，分隔开来的景区，不能有效地联系在一起，便不能组合成完整的园林。景区不能没有分隔，也不能没有联系。两者相辅相成，缺一不可。

道路、宽阔的水面，都可作为联系景区的手段。我国一些大型园林，多采用这两种联系形式。道路自然是一种较好的联系形式，它可以引导游人从一个空间过渡到另一空间，从"柳暗"过渡到"花明"。"步移景异"即指此而言。"曲径通幽"就是很好的例证。宽阔的水面可将水面四周的景区联系起来。这种联系形式，空间旷敞，视野宽阔，便于总览高全园景色，乘船往来各景区也比较方便，缺点是过于显露，没有"疑无路""又一村"之类的跌宕变化，缺少曲折掩映之美。

大观园虽也采用了上面两种联系方式。但为了克服"宽阔水面"联系景区时所带来的不利影响，除中央水池外，作者还设计了一条沁芳溪。沁芳溪是一条可以行船的水道，它溶溶荡荡，曲折萦迂地穿越全园。第十七至十八回中对沁芳溪的走向做了如下的介绍：

"原从那闸（指沁芳闸）起，流至那洞口（萝港北面入水口），从东北山坳里（花溆所在地）引到那村庄里（稻香村），又开一道岔口引到西南上，总共流到这里（葬花区），仍旧合在一起，从那墙下出去。"（括号中的说明是我们加的）

引文说明，活水越沁芳闸后，经中央水池又流回天上区，入洞口，出花溆，过花圃区流到稻香区，然后分为两支，经园前区，在葬花区汇合后流出墙外，先后穿越五个景区。中央水池将水池四周的天上、花圃等景区"并联"了起来，沁芳溪又把天上、花圃等景区"串联"了起来。纵有山相隔，水却将它们紧紧地联系在一起。

通过中央水池和沁芳溪的双重联系，游人可乘船沿沁芳溪穿行各景区，看到两岸风光的不断变换，船移而景异。待至中央水池后，又豁然开朗，园内景色悉收眼底。游人可从两个不同的层次来欣赏园中景色，从而把游人的兴致，逐步推向高潮。

乘船沿溪游园，我们称之为"水路游园"。"水路游园"是游览大观园的主要方式，在下面我们将详细讨论这个问题。

综上所述，"水"是大观园联系诸景区的主要手段的提法，同样是对的。

以山相隔，以水相连，山和水的巧妙安排，使景区隔而不散，联而有致，生动活泼。

本节内容始终围绕着"景区"二字做文章，这是因为景区是构成园林的基本单元，没有高质量的景区，便没有高质量的园林。我国传统造园理论强调"景"而忽视"景区"，未必是正确的。这方面的有关问题，拟在下节中再详加研讨。

二、曹雪芹造园思想新探

用小说的形式塑造园林，可以不受各种客观条件的制约，作者可充分发挥想象力，完全按照个人的意愿，塑造出他认为最理想、最美好的园林。从这个意义上讲，小说中的园林，可看成作者造园思想的表述。因此，研究小说中的园林，就有可能探索到作者的"造园思想"。

大观园是曹雪芹"十年辛苦"精心塑造出来的一座大型园林，它集中了作者对造园艺术一系列的见解和追求。如果将这些见解和追求整理出来，作为剖析大观园的手段，也许能取得更好的效果。

据此，我们对《红楼梦》中有关大观园的描述、议论、诗词、对话等进行了整理，名之曰"曹雪芹造园思想"，共得九条。兹分述于后：

（一）景区是构成园林的基本单元

上一节中曾提到，从景区入手是研究大观园的捷径，并在文中谈了大观园的景区划分、景区特色、景区的分隔和联系等方面的问题。通过这几方面的探索，我们体会到：景区是构成大观园的基本单元；把景区看成构成园林基本单元的思想，是对传统造园理论的突破，是对园林艺术认识上的一次飞跃。

按传统造园理论，构成园林的基本单元是"景"，不是景区。我国有关造园的图书、资料，都把重点放在"景"的构成上，很少言及景区，影响所及，造园师们和广大园林爱好者也都重视"景"，不重视景区。所谓"景"，并没有确定的含义。一脉山，一湖水，可以称"景"，一所庭院、一座亭、一座桥，也可以称"景"，甚至一棵树、一片石、一丛花，有时也可称为"景"。按我们理解，"景"大概是指一幅构图完整的画面，或某种感人的意境而言。人们在评价一座园林时，往往只看重"景"的多少和"景"的好坏，"景"多"景"好便是好园。人们盛赞圆明园，主要因为它"景"多"景"好。据说，它原有29"景"，乾隆时增建40"景"，外加西洋楼10"景"。嘉庆时又添30"景"，合计一百多"景"。北京恭王府的萃锦园，平面按"路"的模式布局，相当笨拙，但却是北京的名园，据说园内有"曲径通幽""吟香醉月""松风水月"等"景"达二十处之多。

传统造园理论重"景"、轻景区的倾向，给我国的园林建设带来了不利影响。以北京几座大型皇家园林为例，有的景区划分失之粗犷，混合不清（如北海）；有的虽分区明确，但主要景区大同小异，无甚特色（如长春园）；其中较好的要数颐和园，但也存在着诸如过于显露，缺少曲折变化之类的缺点，在上节中。我们已经谈过了。

让"景"充当园林的主角，并作为评价园林的主要标准，本来就不太科学。"景"不能孤立存在，"景"只有与四周景物（即景区）组合在一起时，才能充分实现自己的价值。拿《红楼梦》爱好者所喜爱的稻香村来说，若去掉村前的田地山池，再去掉村后的"背山"杏林，剩下一座"流水绕孤村"，便不再是读者心目中的稻香村了。现在设计师们反对在名胜古迹的附近修建索道、宾馆等大型土建工程。因为在这些大型工程的对比下，原有景物会大大降低其观赏价值。景区则是可以自成体系独立存在的。因此，不宜把园林看成"景"的集合，而应看成景区的集合，规划园林时不宜以"景"为主，围绕着"景"字做文章，而应把景区作为构成园林的基本单元，在设计好景区、组织好景区上下功夫。

上述道理，现在的园林设计师们并不陌生，工作中也是这样做的。但是，并不是每个人都把"景"、景区、景区组合三者的关系处理得恰到好处；我们参观过一些新建园林，发现不少仍存在着诸如分区含混、景区少特色之类的问题。说明曹雪芹以景区作为构成园林基本单元的思想，对广大园林设计人员来说，仍然有参考价值。

（二）园林应该有思想主题

园林应该有思想主题，或者说，园林应该有思想性，这是一个既熟悉又陌生的问题。20世纪50年代初期，我国建筑界曾就建筑的思想性开展过讨论，由于大家知道的原因，讨论没有深入下去。不过那时所说的思想性，仅局限于政治思想，如"社会主义的优越性""斯大林式的对人的关怀"等，比较抽象，涉及面仅限于建筑。而我们这里所讲的思想主题，是具体的、世俗的思想，涉及面则仅限于园林。

大观园是一座有思想主题的园林。它的主题思想只有四个字——"天仙宝镜"。这四个字是天上区玉石牌坊上的题词。后来元妃认为不妥，改题为"省亲别墅"。"天仙宝镜"和"省亲别墅"，指的都是大观园。（按：此处"省亲别墅"与本文中将它作为正殿建筑群的代称的含义不同。）

我国民间有一个传说，说是天上的神仙有一种宝镜，当他想看人间时，只要把宝镜拿出来，想看什么地方，这个地方便会在镜中映现出来。但在镜中看到的东西，并非实景，只是镜中的幻影而已。

请参看《大观园平面复原示意图》，设想游人站在天上区玉石牌坊之下，面对中央水池，举目四望，人间四区，依次排列在水池的对岸。想看花柳繁华之地吗？园前区便马上呈现在你的眼前；想看农田村舍吗？稻香区便遥遥在望；想看荒郊野寺、榭草庭花，寒塘区、花圃区均可随时寓目，此时此地，游人恍若手中握有一面"天仙宝镜"，身居天上，纵览人间。"宝镜"二字还提醒游人注意，不能把眼前的一切看实了。它们不过是水中月、镜中花，转瞬即逝的过眼云烟罢了！

"天仙宝镜"的思想主题，为大观园披上了一层神秘、梦幻的面纱，给游人以虚无朦胧之感。

大家知道，《红楼梦》一书的名称很多，如"石头记""情僧录""金陵十二钗""风月宝鉴"等，在这些书名中，最能反映《红楼梦》主题的，要数"风月宝鉴"。其含义与"天仙宝镜"差不多，也是神仙手中的"宝镜"。这两面"宝镜"，一面告诉人们美人是虚幻的，一面告诉人们美景是虚幻的。一面突出一个"情"字，一面突出一个"景"字。曹雪芹把突出"情"字的镜子作为红楼梦的思想主题，把突出"景"字的镜子作为大观园的思想主题，都是为了表现人生若梦，"情""景"皆幻的处世思想。正如第一回中所说：

"此回中凡用'梦'用'幻'等字，是提醒阅者眼目，亦是此书立意本旨。"

我们从"宝镜"中看到的人间，不是大同世界，这里有奢侈，有寒酸，有富贵风流之地，有淡泊明志之乡，人世的不平，得到了充分的体现。"人间五区"的典型画面，开拓了游人的眼界。若从纵的方向来理解"人间五区"，则可感到世事的沧桑，人生的坎坷，命运的沉浮，令人发千古兴亡之叹！

园林有没有思想主题，情况大不相同，对游人来说更是如此。游览一般园林，游人只能停留在游山玩水、问柳寻花的水平上。有了思想主题，便可把游人的欣赏水平，提高到一个新的层次。游人可以从多种角度来观赏和评议园林。同一景物，可给游人多方面的艺术感受，甚至能启迪人们做哲理性的思考。

在实际工作中，园林有了思想主题，可以大大简化设计工作。搞总体规划时，可以按照主题思想的要求来划分景区，来确定各景区所要表现的具体内容。搞景区设计时，也因园林主题明确而心中有数，虽广开思路，大胆创新，都不致离题太远，有利于把景区设计得更加新颖，更加典型。曹雪芹笔下的大观园就是一个很好的例子。

给园林以思想主题，是曹雪芹对我国造园艺术的一个重要贡献，而且是前无古人的贡献。在我国为数众多的园林中，像大观园这样有思想主题的园林，大概是很难找出来的。曹雪芹亲自擘画的随园除外。

（三）景区要"以山相隔""以水相连"

大观园是如何实现"以山相隔""以水相连"的，在上一节中已经介绍过了。我们在这里重提这个问题，主要是想把它作为"曹雪芹造园思想"的重要组成部分，而不仅仅局限于大观园。

不过在这里想做一点额外的补充说明。即不论"以山相隔"还是"以水相连"，都不能搞绝对化，都要结合具体情况灵活运用，在形式上要力求多样。

从《大观园平面复原示意图》中可以看出，"山"虽然是大观园景区分隔的主要手段，但不是唯一的。例如：分隔葬花区和寒塘区的不是山，而是怡红院；分隔稻香区和花圃区的也不是山，是山坡；稻香区前的"青山斜阻"，与园前区在欲隔未隔之间；广阔的水面虽然是联系景区的主要手段，但同时也起到相隔的作用。"水"是联系景区的主要手段，但道路、桥梁、山坳、花障等，也都有联系景区的功能。《红楼梦》中不乏这方面的描写。北京的长春园是一座很有新意的大型园林，它的主要缺点是把"山隔""水连"搞得过于绝对化，致使园中主要景区构图单调，效果不好，足引以为戒。

至于在园林中如何运用山和水，在上一节中谈之甚详，这里就不多说了。

（四）"诸景备"的造园原则

"天上人间诸景备，芳园应锡大观名。"

这是元妃为大观园题诗的最后两句。曹雪芹通过这两句诗，正面提出了"诸景备"的造园原则。

在上两节中，我们已经对"天上人间诸景备"一句，做了初步的解释。如果深入考察，就会发现"诸景备"三字的含义，比前面解释要丰富得多，涉及面也广泛得多。它不仅是元妃对大观园的评价，也是一条普遍适用的造园原则。

"诸景备"可以从两个方面进行诠释。其一是：要想造景色众多的大观之园，必须兼容各方之景，即景点品种要多样化。其二是：不能"滥使银钱，一味抹油涂朱"，片面追求高标准，即景区的档次要多样化。下面分别谈谈这两个问题。

1. 园林景物品种的多样化

自元明以来，随着我国各民族、各地区，以及我国与某些国家的文化交流，各方的造园技艺、建筑样式、花饰图案，已在我国园林艺术中相互渗透交融；康乾两朝，更是北方一带园林建筑大发展、大交流、大融合的时期。康熙、乾隆二帝酷爱园林艺术。在他俩的倡导下，大量南方的、少数民族的、西洋的造园技艺和建筑样式，被引进皇家园林。其中又以引进南方景观的数量最多，规模最大。方咸孚先生在一篇文章中，描绘了乾隆时南方园林景观北来的盛况：

"康熙六次南巡，将江南景物，模仿修建在宫苑之中。到了乾隆时期，造园活动增加，规模扩大。乾隆也曾六下江南，更搜集江南名胜修建在各园内。有的园景按江南名园的基本意图修建，如清漪园中的谐趣园是仿无锡惠山寄畅园修建，昆明湖中堤岛布局，取法于杭州西湖，有些则是连景致名称都和江南园林景名一样。如圆明园中有'平湖秋月''三潭印月''南屏晚钟'等西湖十景。有的甚至各园建有同名的风景：如圆明园和避暑山庄都修建了模仿苏州的'狮子林'。模仿苏州寒山范氏山园中的'千尺雪'，分别在中南海的淑清院、承德避暑山庄、盘山静寂山庄修建。"

少数民族形式的建筑如喇嘛塔、喇嘛寺院等，也先后在承德、北京的一些园林中出现。乾隆十二年，皇上还授意如意馆画师郎世宁等人，按照法国凡尔赛宫的样式，在长春园内建造西洋楼。计有谐奇趣、远瀛观、方外观、海晏堂等。

由于各种样式的景观荟萃于一些大型皇家园林中，从而出现了由单一式园林向集景式园林过渡的倾向。长春园就是一个比较典型的例子。曹雪芹"诸景备"的造园原则，正是在这样的客观条件下提出来的。因此，"诸景备"原则既可看成为适应新潮流而拟定的新的造园构想，也可看成这一造园新趋势的经验总结，故不能仅仅把它看成大观园的说明书。

大观园景点样式之多是毋庸置疑的。有宫殿建筑如"省亲别墅"，农村建筑如稻香村，南式建筑如潇湘馆，北式建筑如怡红院。有趣的是在怡红院的绛云轩内，用了不少洋式装饰，如镜子门、壁龛、挂毯、地面砖等。为了进一步强化"诸景备"的构想，作者利用文学作品的优势，把一些南方的林木花卉搬进了大观园。也许由于超常规的"南化"，招致了所谓的大观园"南北地点"之争。或曰大观园在南方，或曰大观园在北方，各执一端，久而不决。但争论的双方有一个共同点，即都认为，南方造园只能用南方的一套做法，北方造园只能用北方的一套做法，不能两者兼容。显然，这种看法不符合曹雪芹"诸景备"的造园原则。

2. 园林景区档次的多样化

在一座园林中，可以有标准高、花钱多的高档次景区；也应该有标准低、花钱少的低档次景区，以便拉开景区档次，加强景区对比，增多景区品种，节约造园资金。曹雪芹特别反对那些一味追求高标准的设计师，把他们斥为"暴富之家"。

大观园可算是集各种不同档次景区于一园的范例。天上区的"省亲别墅"、蘅芜苑，园前区的潇湘馆、怡红院，它们或精雕细镂，或涂朱描金，档次很高。特别是天上区的"省亲别墅"，"琳宫""复道"，"绣槛""雕甍"，更非同一般。在一般府第花园，根本不可能有这样高级的建筑。显然，它们是作者从皇宫内苑中搬过来的；稻香区的稻香村，寒塘区的凹晶溪馆、栊翠庵等，则是"茅檐土壁""槿篱石垣"，档次很低。这类建筑，在府第花园中同样是找不出来的。它们无疑都来自民间。特别是寒塘区，景物档次之低，出乎人们意料。请看：

石垣、花牖、清堂、土壁、茅檐、尼庵、槿篱、竹栏、怪木、河滩、小径、野鹤、芦苇、寒塘。

从皇宫内苑到荒郊野寺，各种不同档次的建筑，悉被纳入园中，使得大观园色彩斑斓，对比鲜明，故能给人留下十分深刻的印象。

大观园不仅景区档次多，差异大，而且不同档次景区的组合上，也有某种规律可循。一般来说，两相邻景区的档次差不宜过小，过小则游人不易感到它们之间的差别。若将稻香区与寒塘区并列，两区的魅力都会受到很大的影响。但也不应相差太大，太大则给人以扭捏作态之感。大观园在不同档次景区的组合上有独到之处。

先让我们将大观园的六大景区按档次定出级别，见下表：

I级景区：天上区	IV级景区：葬花区
II级景区：园前区	V级景区：稻香区
III级景区：花圃区	VI级景区：寒塘区

然后参照《大观园平面复原示意图》，在图中的景区内填入各自的级别，可得如下简图：

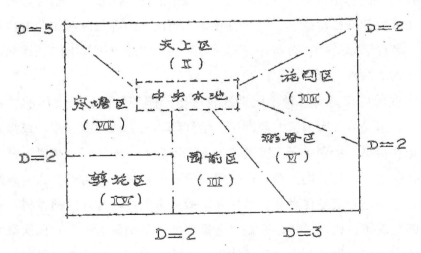

上图中D表示档次差。除天上区与寒塘区之间的D值较大外，其他景区间的D值多等于2，说明它们之间的级差适中。如此安排，也许是大观园取得成功的秘密之一。

大观园的艺术实践证明，以景物品种多样化和景区档次多样化为主要内容的"诸景备"原则，可以作为园林设计的一般原则加以运用。我国近年来兴建的一些较大型的园林，缺点之一就在于没有很好地运用这一原则。主要表现在：一是怕破坏园林的完整性，不敢大胆采用多种样式的景观。中式园林，不敢插入洋式景点，南方造园，不敢把北式的园林建筑引入园中，风格上虽趋于统一，却显得单调。二是不敢拉开景区的档次。档次低了怕影响园林的观赏价值，高了又怕多花钱。结果，该推的推不上去，该拉的拉不下来。这里是油漆彩画，那里是彩画油漆。没有对比，景色单一。钱没有少花，效果却并不理想。

曹雪芹"诸景备"的造园原则，虽是根据当时的具体情况提出来的，对今天的园林设计师来说，仍有指导作用和参考价值。

（五）景区和庭院建筑的人物性格化

建筑的人物性格化和建筑的思想性一样，也是20世纪50年代初期讨论过的老题目。如公用建筑要有公用建筑的性格，居住建筑要有居住建筑的性格之类，当时涉及的内容也比较抽象。不过在谈到纪念性建筑物时，内容还是相当具体的。人们谈得最多的是列宁墓和中山陵。列宁墓的朴质亲切，中山陵的平易崇高，都较好地反映了陵墓主人的性格。殊不知建筑的人物性格化问题——主要是园林建筑的人物性格化问题，早在二百多年以前，已经由曹雪芹通过对大观园的描绘，较好地解决了。

大观园的主要景区和庭院建筑都带有强烈的人物性格。如寒塘区是妙玉身世和性格的反映，稻香区、葬花区分别是李纨、黛玉身世和性格的反映等。不过我们在这里主要想谈谈大观园的庭院建筑，因为庭院建筑在这方面表现得最为明显。

大观园的庭院建筑，几乎都是按照它的住房主人的身世、性格塑造出来的。我们看见这些建筑时，仿佛看见了它们的住房主人。红学界早已注意到这一点并有所评议。如书中在描写秋爽斋的室内陈设时，句句不离

"大"字，件件都是珍品，用以表现探春豁达大度、大胆果断的性格，和出身名门、气质高贵的风貌。怡红院里绛云轩的室内陈设则是另一番景象。它五光十色，中西兼容，镶宝嵌金，琳琅满目，大违我国传统建筑的室内装修模式，恰当地表现了宝玉身世显赫、杂学旁收和离经叛道的"叛逆"性格，使我们如闻其声，如见其人。

下面再举几个例子：

稻香村——李纨住处

大观园里的稻香村，被宝玉说得一无是处。说它无自然之理，背自然之气，简直成了穿凿扭捏的怪物。这不正好表现了李纨在封建礼教束缚下，青年丧偶后的变态性格吗？李纨出身名门，青春丧偶，心如死灰，唯知侍亲教子，哪里来的自然之理、自然之气？在花团锦簇的大观园中，出现一座"黄泥筑就矮墙，墙头皆用稻茎掩护"，"纸窗木榻，富贵气象一洗皆尽"的稻香村，不正是居于荣华富贵之家，"竹篱茅舍自甘心"的李纨性格的最好写照吗？

蘅芜苑——宝钗居处

蘅芜苑是天上神仙洞府的象征，是"山中高士"们修真养性的地方。这一构思，把宝钗行为豁达、与世无争、安分随时、不流于俗的气质表现得淋漓尽致。蘅芜苑是大观园中最有特色的一座庭院。它外观简朴，质地高级。一眼望去，清凉瓦舍，水磨砖墙，无趣得很。进得门来，迎面是一块插天大山石，院内有各种香草，一株花木也无。室内则绿窗油壁，如雪洞一般。表面看来，院内外素净无华，甚至近于简陋，实则不然！水磨砖墙，俗称干摆，是一种最讲究的墙体。表面呈灰色，平整无花饰。山石以大者为贵，插天大山石更是山石中的珍品，外观同一般山石。香草无艳丽花枝，但比普通花卉名贵得多。油壁，指一种用精制的桐油反复涂刷过的木壁。这种木壁，需用优质木材制作，涂刷也很费工，类似现在的清漆，是一种高级做法，外观朴素无色。如此庭院，正是"人谓藏愚，自云守拙"、外拙而内秀的宝钗的人品和性格的最好说明。"淡极始知花更艳",可用来形容宝钗,不是同样可以用来形容蘅芜苑吗?

潇湘馆——黛玉居处

在"佳木茏葱,奇花闪灼"的园前区,倏尔出现一座南方翠竹掩映的庭院,它象征黛玉只身北上、寄居豪门贾府的凄凉身世。作者在写潇湘馆时,着力突出一个"曲"字和一个"小"字。请看:院内曲折的游廊,羊肠般的小径,盘旋竹下的小溪,只有尺来宽。院内的建筑则是小小的三间房,房内的门是"小门",院内还有两间小小的退步,连室内的家具都是合着地步打就的,精致小巧可知。"曲"字暗示黛玉多思善虑、心细情绵、回肠九曲等,"小"字则表现她气量狭小、形容瘦小、小性儿等。抓住了这两个字,也就抓住了黛玉的主要特征。斯人斯院,合二为一。

用特定人物的性格来象征庭院建筑,有利于丰富庭院建筑的艺术形象。由于我国传统庭院布置格局和建筑构造模式都大同小异,例如,建房时只要知道明间的面宽进深、房顶样式等,没有图纸,也可组织施工,这样建造起来的建筑,作为观赏用房放置在不同特色的景区中,要想取得理想的效果是很困难的。为解决这一问题,曹雪芹另辟蹊径,他结合《红楼梦》中所描写的具体人物,运用多种手法,赋予诸庭院建筑以不同的性格,使游人看到它们时,便产生对某些特定人物的联想,从而把人们的注意力引导到能反映人物性格的局部和细部处理上来,让细部处理在游人心目中占有更加重要的位置。设计师们都知道,搞传统形式的建筑设计时,在局部或细部处理上,还是大有文章可做的。

可见庭院建筑的人物性格化,可以强化庭院与庭院、建筑与建筑之间的差别,这无疑是在模式中求变化的极好方法。大观园的实践证明,这方法是可行的。《红楼梦》的读者,决不会把稻香村与蘅芜苑混同起来,也不会把潇湘馆和怡红院混同起来,便证明了这一点。

在上面提到的四五座庭院中,靠"人工穿凿扭捏"而成的稻香村和蘅芜苑特别招人喜爱。它们的女主人李纨和宝钗也给人留下美好的印象。"玉不琢,不成器",人工穿凿扭捏有时并不是坏事。人也是这样,"人不学，不知义"嘛。

人若不按照所处时代的道德规范来束缚自己，"穿凿扭捏"地完善自己，净化自己，便不能较好地适应社会的需求。李纨的可敬，宝钗的可亲，原因就在这里。我们看到，现在一些自我改造得较好的人，往往能受到重视，受到培养。再和一些所谓有"叛逆精神"的人的种种坎坷经历加以比较，就更能体会到李纨、宝钗身上焕发出来的光辉。人是时代的产物，评价人物不能脱离时代，历来不少人习惯于扬林贬薛。甚至连宝钗扑蝶这样的小事，也拿来上纲上线，把宝钗说得十分不堪。殊不知宝钗扑蝶一节，主要表现宝钗的宽容和机敏。若想使坏，贾母处、王夫人处、凤姐处，多少坏使不得，何必偏偏看中怡红院中两个粗使小丫头？这种脱离时代、脱离现实生活的说法，一再出现，值得深思。

从文学创作的角度看，说大观园中带有典型意义的庭院建筑，是为塑造典型人物、典型性格服务，当然言之成理。但还很不够，还需加以补充。即《红楼梦》中塑造的一批典型人物和他们的典型性格，同样是为塑造典型景区、庭院、建筑服务的，是为景点的多样化服务的。对设计师来说，强调后一点更为重要。

（六）绿化要切近景区主题

过去造园，对园林绿化是相当重视的。造园大师计成在他的名著《园冶》中，就把绿化看成"景"的重要组成部分。如书中提到说："编篱种菊""锄岭栽梅""寻幽移竹""对景莳花""院广堪桐""堤湾宜柳"等。然而，问题恰好出在这里，恰好在于过去仅仅把绿化看成"景"的组成部分，而忽视了园林绿化的总体设计、林木的合理搭配和绿化的思想内容。在这方面，大观园的绿化和北京其他一些园林的区别是很明显的。

大观园是以景区作为绿化单元来设置林木的。通过对林木的合理选择和搭配，来渲染、烘托景区的主题。例如：稻香村所要表现的是一座典型的农庄，故在村前安排了农村常见的桑、榆、槿、柘；在村后又安排了几百株杏树，把"清明时节雨纷纷"一诗中的诗情画意引入景区，强化了稻香村的乡土气息，取得了较好的效果。

桑榆槿柘和杏林出现于同一景区，不是一半对一半，而是有多有少，有主有从。杏树数量多，占地面积大，是"主体林木"；桑榆槿柘的数量少，却可起到点睛的作用，是"点缀林木"。"主体林木"可给景区定出基调，"点缀林木"进一步点明景区的主题；这种以"主体林木"和"点缀林木"相结合的绿化方法，也运用于寒塘、葬花等景区。

寒塘区象征着荒郊僻野，故选用野杂林作为"主体林木"。野杂林自生自灭，不需人工栽培，用以表现景区的冷落荒凉。又点缀十几株红梅，引进"驿外断桥边，寂寞开无主"的意境，深化了景区的主题。野杂林也因有了名贵的红梅，虽荒凉却不单调，平常中却见精神，证明这种搭配是成功的。

葬花区的"主体林木"是桃林，"点缀林木"是芙蓉。在《红楼梦》中，桃花和芙蓉是有特定含意的。桃花的寓意为"如花美眷，似水流年"，芙蓉的寓意为"女儿命薄"，两者都是黛玉命运的象征。风流旖旎的葬花区有了芙蓉和桃林，韵味就越发浓郁了。

天上区是神仙们居住的地方，一般林木，自是不堪入选。故曹雪芹在这里只安排了松林，用"青松拂檐"来陪衬"玉栏绕砌"。松树，在我国诗画中常与仙翁、仙鹤、云霞为伍，有利于渲染天上区圣洁超凡的气氛。但仅有松树，未免单调。故又在天上区对岸藕香榭的山坡上，点缀了几株桂花树，取月宫仙桂之意。青松仙桂，隔水相望，相映成趣，较好地烘托出天上区的主题。

用"主体林木"和"点缀林木"相结合的绿化方法，虽能取得较好的效果，但也不是唯一的。大观园中的园前区就采用了另一种绿化方法。园前区是富贵繁华的象征广故作者让这里"佳木茏葱""奇花闪灼"。可数的林木就有柳、竹、桐、桃、杏等，用花木争荣来表现兴旺发达的主题。结合景区主题，有目的地选择和搭配林木，增强了景区间的对比，又可达到情景交融的效果。这种绿化方法，无疑是对我国传统绿化方法的重要突破。

在我国传统文化的长期熏陶下，一些常见的林木，已经被赋予了一种或多种特定的含义。这些含义使我们看到林木后便产生某些特定的联想。如上所述，松柏可使人联想到圣洁崇高，桃花使人联想到艳丽轻薄，垂柳可使人联想到情意缠绵，等等。搞园林绿化，特别是搞有中国特色的园林绿化，应该把林木这种潜在的表现力充分挖掘出来。过去的"山子"们对此注意不够，现在的园林设计师们仍然着重于林木的外观造型而忽视其内涵。大观园的绿化方案，无疑会给我们很大的教益。

结合景区主题，合理选择林木，用"主体林木"和"点缀林木"相结合的绿化方法，充分挖掘林木的潜在表现力，有可能把园林绿化搞得比过去更好，更加富有中国韵味和中国气派。因此，这一条也可作为"曹雪芹造园思想"的重要内容。

（七）水路游园是可供选择的游园方案

乘船游览园内主要景区，我们称之为"水路游园"。北京几座大型园林如北海、颐和园、圆明园等都有"水路游园"。我们这里不是讲这种广义的"水路游园"，而是讲乘船穿行各主要景区的"水路游园"。并想证明，这种串联式的"水路游园"，是大观园的主要游览方式。

要想把乘船沿沁芳溪观景作为大观园的主要游览方式，需要解决好下面三个问题：（1）主要庭院附近应有上下船的码头；（2）桥下要便于行船；（3）溪水应保持一定的深度。曹雪芹对这三个问题都做了妥善的安排。

1.码头

大观园中可以上下船的码头，有时也叫作"坞"或"渚"。如贾政在芭蕉坞想起了游船。贾母在荇叶渚上的船。参看复原就可以发现，在沁芳溪主流靠近园内主要庭院处，都可找到上下船的码头。现开列如下：

怡红院、潇湘馆——沁芳亭前元妃上船的码头

探春院——荇叶渚

稻香村、惜春院——柳叶渚

迎春院——芭蕉坞

蘅芜苑——云步码头

众多码头的设置，反映了作者对"水路游园"的重视。

2．桥梁

大观园中除大桥（沁芳闸）和沁芳闸桥外，共写了五座桥。其中两座以一般词汇命名，即沁芳桥和翠烟桥，另三座以桥的构造形式命名，即蜂腰桥、蜂腰板桥和折带朱栏板桥。蜂腰桥和蜂腰板桥是一种桥身窄、桥头逐渐放宽的石拱桥，桥下可以行船，多见于南方。折带朱栏板桥是木制桥，有墩式和木柱式两种。桥面多贴近水面，不宜通船，但若两岸高出水面很多，桥下也可行船。

读者参看《大观园平面复原示意图》后就可发现，两座以一般词汇命名的桥，都位于沁芳溪的支流上；以构造形式命名的桥，都位于沁芳溪的主流上。其中折带朱栏板桥位于大主山下，桥近旁有云步码头，说明此处溪岸高出水面很多，故桥下仍可行船。看来这里出现的云步码头，并非作者信手拈来，而是为了"水路游园"。

码头和桥梁的布置告诉我们，沁芳溪的主流是可以行船的，支流则不行。

3．水闸

大观园水闸的安排也说明了这个问题。

引水入园，一般要设一道进水闸和一道排水闸。进水闸用来控制流入园中的水量，使水量不受园外溪水涨落的影响。排水闸则用来调节园内水面的标高，大观园的进水闸是天上区大桥之下的沁芳闸，排水闸是葬花区活水出口处附近的沁芳闸桥。按说园中有了这两道闸门，水面可基本稳定，不致大起大落。可是，当贾政等来到沁芳亭前时，见亭下的溪水若"清溪泻雪"，说明沁芳亭下还有一道截水闸。设置截水闸的目的，显然是为了提高沁芳亭以里的溪水水位，以利"水路游园"。

从码头、桥梁、水闸的设置看，曹雪芹为"水路游园"确曾多方铺垫，花费了不少心血。但是，这一切只能证明他重视"水路游园"，而不能证明大观园的主要游览方式是"水路游园"。能证明"水路游园"是大观园主要游览方式的，是大主山下的花溆萝港。

在上一节中已经谈到，花溆萝港是按武陵源的构想设置的。萝港以外是人间世界，以里是"世外桃源"。"天仙宝镜"的思想主题以及我们把大观园分为天上区和"人间五区"，都是从这一构想派生出来的。可见花溆萝港之于大观园，犹如"通灵宝玉"之于贾宝玉一样，两者不可分割。贾宝玉若失去了"通灵宝玉"，便一点灵气也没有了。故不懂得花溆萝港的含义，便不可能真正理解大观园。游园时不去花溆萝港，只等于游了一座没有灵气的普通园林。《红楼梦》中描绘的三次大规模的游园活动，每次都特别提到花溆萝港，寓意颇深。

"水路游园"，花溆萝港是必经之地；陆路游园则不一定非绕道花溆不可。这就证明我们把"水路游园"当作大观园的主要游览方式是正确的。码头、桥梁、水闸的精心安排，正是为这一构想服务的。

我国古典园林中以一般意义上的"水路游园"为主要游览方式的为数不少，但却没有用水溪将主要景区串联起来的"水路游园"。这种串联式的"水路游园"，构思新，效果好，可作为规划园林时的一个可供选择的方案。

（八）要敢于采用新材料、新技术

造园是土建工程，它也和其他工程一样，要求采用新材料、新技术，不能墨守成规。大观园在这方面也给我们做出了榜样。

我们将在一篇有关曹雪芹生平的文章中谈到：乾隆十四年至乾隆十六年，曹雪芹可能在长春园的谐奇趣搞过绿化设景工作。谐奇趣是仿凡尔赛宫修建的洋式建筑，可能安有玻璃窗；还有"瓷砖饰面"、镜子门之类的装饰陈设。曹雪芹不但把这些装饰陈设搬进了绛云轩，而且在大观园及荣国府中，大面积使用了玻璃窗。

大观园是否大面积使用玻璃窗，书中没有明写，需要加以证明。

我们看看书中有关窗户的描写：

稻香区：稻香村——纸窗木榻，富贵气象一洗皆尽。

葬花区：滴翠亭——四面雕镂槅子糊着纸。

寒塘区：栊翠庵——编花为牖。

　　　　芦雪庵——槿篱竹牖。

稻香、葬花、寒塘三区，是大观园中偏于素净的景区，书中对这三区的窗户，都一一做了交代。

大观园还有一座素净的庭院，书中也写到了它的窗户，那就是宝钗的蘅芜苑。书中说它是"绿窗油壁"。其中的"绿"字肯定是"纸"字之误，理由如下：

"绿窗"有两种解释，一种解释是窗前的林木映绿了窗。这种解释最为文人学士们所乐用。《红楼梦》中有一副对联，上联是"绿窗明月在"，句中的"绿窗"便可这样解释。另一种解释是用绿油漆涂刷的窗。这是一般人所常说的"绿窗"。蘅芜苑一株花木也无，故前一种解释不通。后一种解释也有问题，因为用绿漆涂刷窗户系一般做法，颜色艳丽而档次不高，与做法高级的油壁不协调。不能设想，色泽淡雅、质地高级的油壁，怎么能在重要部位配以色彩俗气、档次偏低的"绿窗"？曹雪芹焉能出此下策？从行文看，"绿窗""油壁"二词连用也不太合适。"绿""油"二字，一指颜色，一指材料，非对偶字，不如"纸"窗"油"壁。且"纸窗"可以突出蘅芜苑的简朴风格。又"绿""纸"二字，外形相似，想来是文稿过录人按照文人学士们的习惯，信手把"纸窗"改成了"绿窗"。

上面诸例子告诉我们，凡是简朴一点的建筑，它们的窗户书中都有所交代。讲究一点的建筑，它们的窗户如何？书中竟只字未提。是花牖、竹牖吗？不可能，太低级了。是纸窗吗？可能性也不大。书中说得很清楚，纸窗可以将"富贵气象一洗皆尽"。"省亲别墅"、怡红院、潇湘馆等建筑，是作为贾府荣华富贵的象征而塑造出来的，岂能让它们的富贵气象"一洗皆尽"？不是花牖、竹牖，又不是纸窗，那会是什么窗呢？

红楼梦中有两处提到玻璃窗。一处是第七回中提到的李纨卧室的后窗；另一处是怡红院的"玻璃槛纳柳风凉"。其中李纨的后窗安上了玻璃最耐人寻味。后窗安了玻璃，前窗呢？难道反而用纸窗？！李纨卧室的前后窗安了玻璃，荣禧堂、贾母房、凤姐房自然也应安玻璃。既然荣国府的主要用房都安上了玻璃，那么，作为贾府荣华富贵象征的怡红院、潇湘馆等，不是更该用玻璃窗吗？再则"玻璃槛纳柳风凉"，句中的玻璃槛，不知指怡红院的哪一处建筑，但绝不会比绛云轩、潇湘馆更高级。玻璃槛用了玻璃窗，难道绛云轩、潇湘馆、秋爽斋、暖香坞等处，反而不用玻璃窗吗？

因此，我们推测，曹雪芹心目中的荣国府和大观园中的主要用房，都用了玻璃窗。因玻璃窗在当时仅少量用于长春园西洋楼工程中，非民间所应有，故《红楼梦》中不敢明写，只得含糊其词。

除玻璃窗外，绛云轩还有碧绿凿花的地面砖，地面砖能照花刘姥姥的眼睛，说明它带有光泽，估计是绿琉璃地面砖。西洋楼内可能用过琉璃地面砖，曹雪芹便拿来"为我所用"。绛云轩的墙上有依随古董玩器之形抠成的槽子，类似于西洋建筑中的壁龛，墙壁上还悬有活凸出来的美人画，它很可能是乾隆十八年或乾隆十九年在西洋楼中悬挂过的美人挂毯的再现；室内还有镜子门，其艺术原型也可能来自西洋楼，因为在筹建西洋楼时，乾隆皇帝从西洋买来了大量镜子，以致使用不完而把它们改作玻璃窗之用。这些都说明曹雪芹对刚刚从国外引进的新材料、新技术、新形式有极大的兴趣；也说明他没有保守思想，对新鲜事物有高度的敏感；特别是玻璃窗，在西洋楼工程中，也只是小面积试用，而曹雪芹却让它在荣国府和大观园中遍地开花。胆识之大，匪夷所思。

（九）要敢于突破传统造园理论，大胆创新

宝玉在评价稻香村时，发表过一篇著名的讲话，他说：

"此处置一田庄，分明见得人力穿凿扭捏而成。远无邻村，近不负郭，背山山无脉，临水水无源，高无隐寺之塔，下无通市之桥，峭然孤出，似非大观。争似先处有自然之理，得自然之气，虽种竹引泉，亦不伤于穿凿。古人云'天然图画'四字，正畏非其地而强为地，非其山而强为山，虽百般精而终不相宜。"

有人认为这是曹雪芹的造园观，实在是极大的误解。恰恰相反，这段话是曹雪芹借宝玉之口说出来的"反话"。若果真是曹雪芹的造园观，那他为什么偏偏要在大观园中塑造一座稻香村？为什么稻香村又偏偏那么招人喜爱？不仅如此，除稻香村外，作者还塑造了一个寒塘区，扭捏穿凿，有过之无不及效果也很好。天上区则是完全靠人工设景，牵强附会地拼凑起来的，与自然之理、自然之气背道而驰，但仍然不失为大观园中令人神往的景区之一。可见宝玉的这段话反映出来的造园观和曹雪芹的造园观完全不同。

宝玉的话，实际上是对我国传统造园理论最简洁、最精辟的概括。要有自然之理，得自然之气，不要伤于穿凿，不能非其地而强为地，非其山而强为山，等等，正是我国传统造园理论的精髓。我国造园大师计成，把这类见解称为"因"，他说：

"因者，随基势之高下，体形之端正，碍木删桠，泉流石注，互相借资；宜亭斯亭，宜榭斯榭，不妨偏径，顿置婉转，斯谓'精而合宜'者也。"

这段话的意思是说：建造园林时，总要尽量利用地形地物，要"随曲合方"，不能"拘牵"。若基地偏缺，盖不了三五间，盖一间半也可以，不能勉强。并认为只有这样，才算"得体合宜"，才能"自成天然之趣，不烦人事之工"。

按照这套理论，选择良好的地形造园，充分利用天然的山石林木，就变得十分重要了。因此，计成十分重视园林的选址工作，即所谓"相地"，认为只有"相地得宜"，才能"构园得体"。《园冶》中用了大量篇幅谈"相地"问题。书中详细论述了在山林地、城市地、村庄地、郊野地、傍宅地、江湖地的造园方法。他认为山林地"有高有凹，有曲有深，有峻而悬，有平而坦"，最宜于造园，故曰："园地唯山林最胜。"城市地则没有上述的优势，最不宜造园，故曰："市井不可园也。"

曹雪芹之所以要突破传统的造园理论，是因为大观园是在平坦的京城内建造的大型园林，没有可资利用的地形地物。不突破传统造园理论，不大胆创新造景，就不能造出好的园林来。故曹雪芹乃反传统之道而行之，"非其地而强为地，非其山而强为山"，大胆堆"无脉之山"，凿无源之水。纵"峭然孤出"，亦在所不惜，终于塑造了一座引人入胜的大观园。故大观园的出现，理应看成在城市内或平原地区建造大型园林的一次大胆的尝试，是对传统造园理论的重大突破。

这里想顺便谈谈"借景"问题。因为计成把"借"看得与"因"一样重要。他对"借"做了如下的解释：

"借者：园虽别内外，得景则无拘远近，晴峦耸秀，绀宇凌空，极目所至，俗则屏之，嘉则收之，不分町疃，尽为烟景，斯所谓'巧而得体'者也。"

对四面围墙高耸的大观园来说，上面这种含义的"借景"，竟毫无用武之地。这也是曹雪芹违背传统，在"高无隐寺之塔，下无通市之桥"的条件下，大胆塑造稻香村的原因之一。

对传统造园理论的突破并不意味着不要继承。并不是说有可资利用的地貌条件时，有可资利用的"借景"对象时，也一味加以排斥。《红楼梦》中有关于这方面的例子。如：大观园是由荣国府的后花园和宁国府的会芳园（北半部）拼合起来的。原有会芳园的山水、林木、房舍，不会不加以利用。关于会芳园（北半部）的景物，书中做，了如下的描写：

"……遥望东南，建几处依山之榭；纵观西北，结三间临水之轩……"

参看《大观园平面复原示意图》，会芳园（北半部）东南角的"依山之榭"，其位置相当于稻香村。西北角的临水之轩，相当于紫菱洲一带。说明曹雪芹在规划大观园时，还是充分利用了原有的地形。"借景"的情况也差不多。按计成的说法，"借景"包括两个方面的内容，除上面提到园外的"晴峦耸秀，绀宇凌空"之类的景物外，上至清风明月，下至飞鸟鸣虫，都可作为借景的对象。他说：

"夫借景，林园之最要者也，如远借、邻借、仰借、俯借、应时而借。然物情所逗，目寄心期，似意在笔先，庶几描写之尽哉。"

大观园虽然没有前一种含义的"借景"，但"仰借""俯借"之类的"借景"还是很多的。如凸碧山庄借月，凹晶溪馆借水，荇叶渚残荷借雨，潇湘馆香巢借燕，沁芳溪借鱼，寒塘借鹤等。

从"因""借"两个方面看，曹雪芹对传统造园理论都有所继承，有所突破，有所创新。突破、创新似乎占有更重要的位置。

上面就是我们从大观园总结出来的"曹雪芹造园思想"九条。从九条中可以看出，其内容涉及造园全过程的方方面面——从规划园林时的设计构思到景区划分，从庭院建筑的设计到景区绿化，从多样化到性格化，从对待新鲜事物到解放思想等。因此，曹雪芹造园思想是一个完整的、新颖的、成熟的思想体系。

这样，我们就可以将"曹雪芹造园思想"定义如下：

甲　"曹雪芹造园思想"是我国传统造园理论的继承和发展，是在传统造园理论基础上有所突破、有所创新的造园思想。

乙　"曹雪芹造园思想"是在城镇或平原地区建造封闭式大型园林的造园思想。而传统造园理论较适合于在地形多变的地段建造小型园林。

丙　"曹雪芹造园思想"涉及造园的全过程和诸方面，因而是一个完整的思想体系。

我们对"曹雪芹造园思想"做出如上的定义后，心中很感不安。我们知道，限于水平，这个定义肯定有不成熟、不完整、不正确的地方。不成熟的地方请指正，不完整的地方请补充，不正确的地方请批评。我们都衷心欢迎。

我们心中不安的原因还不仅在这里，而在于怕有人说我们所提出的"曹雪芹造园思想"，是从《红楼梦》中撷取只言片语，牵强附会地编造出来的。是打着曹雪芹的幌子，贩卖自己的私货。若真出现这样的意见，我们便没有容身之地了。因此，我们勉为其难，对大观园的艺术原型，对曹雪芹的生平等进行了大胆的探索。因为找出了大观园的艺术原型，就可以进一步搞清"曹雪芹造园思想"的来龙去脉。如果能证明曹雪芹是一位民间职业造园师，那他有一套"造园思想"就毫不足怪了，我们也就安心了。计成只不过造了几座小园，便能写出一部《园冶》，曹雪芹若是一位造园师，为什么不能形成自己的一套造园思想？这些方面的探索成果，因与古建园林技术的关系不大，另文再议。

《红楼梦》问世后，作为一位伟大的文学大师，曹雪芹的地位已经得到举世的公认。但他对我国造园理论所做出的杰出贡献，却没有得到人们的认可。这很不公平！上面九条可以证明：曹雪芹是一位当之无愧的造园理论家。《红楼梦》一书，不但是一部文学名著，也是一部优秀的有关造园的学术论文。在我国造园史上，理应占有一定的位置。计成在造园上的成就，未必能赶上曹雪芹。我们若将他俩并称为"南计北曹"，大概不会贬低计成，甚至还能提高计成的身价。

曹雪芹把自己的"造园思想"寓于小说之中，不为人们所理解是可想而知的。没有对我国的园林建设产生应有的影响，亦在意料之中。正因在园林建设中没有产生影响，故要想找出一座按"曹雪芹造园思想"兴建的园林，借以考察"曹雪芹造园思想"的实践价值，就变得非常困难了。几经求索，迄无所获。恰好有朋友自美国回来，谈起洛杉矶的迪士尼游乐园，发现该园的设计构思和处理手法，和"曹雪芹造园思想"有不少雷同的地方。正是：

"踏破铁鞋无觅处，得来全不费工夫。"

迪士尼游乐园是一座知名度很高的特大型人造园林。有三十多个景区，园林借用现代的科学技术，再现美国过去、现在和未来某些令人神往的典型场景。因这一主题思想的时间跨度大，所要表现的内容又不受地域限制，为园林设计师们敞开思想、大胆创新提供了十分有利的条件，故园内诸景区塑造得特色鲜明。据说园中景点品种之多，景区档次差别之大，堪居世界之首。主要景区有"密西西比河古景""印地安人村寨""加勒比海盗城""鬼屋""梦幻世界"等。设计师在设计景点时，充分利用声、光、电等现代技术，把"景"表现得若真若假、扑朔迷离，让游人感到如置身于梦幻之中。"水路游园"，是一种重要的游览方式，河中鱼龙出没，两岸怪兽隐现，不仅使游人学到不少进化论的知识，而且可使游人产生"天地悠悠，逝者如斯，只有人类主沉浮"的联想，从而振奋起人们面向未来的豪迈气概！

大观园与迪斯士游乐园之间，从景观上看没有多少相同的地方。但规划园林时的主导思想是相通的。例如：园林都有某种思想主题；景区划分明确，且各具特色，景点品种多，景区档次差别大；"水路游园"是重要的游览方式；大量运用新材料、新技术；敢于突破传统，大胆创新；以及使游人如置身于梦幻之中，等等。景观的差异，主要是由于时代不同、国别不同、中西文化传统不同。

党的十一届三中全会以来，人民生活水平有了很大提高。人民生活改善以后，期望进一步改善居住条件和生活环境。在可以预见的将来，园林建设可望有一个较大的发展。一批形式各异的大小园林将会出现在我国的城镇乡村。我们相信，"曹雪芹造园思想"在我国未来的园林建设中，一定会发挥应有的作用。愿"曹雪芹造园思想"也像小说《红楼梦》那样，为增添我们的生活情趣、陶冶我们的情操服务！

三、关于《大观园平面复原示意图》

我们在前两节阐述"曹雪芹造园思想"的时候，曾多次提到"参看《大观园平面复原示意图》"。文中不少结论也是借助该图得出来的。如果它的质量有问题，甚至有错误，那么在该图基础上推导出来的结论，还能有多大的价值？因此，有必要也有责任把我们在绘制《大观园平面复原示意图》中所考虑的一些问题向读者讲清楚，并借以说明其确实比较正确地反映了曹雪芹笔下的大观园，因而是可以根据此图得出相应的结论的。

（一）《大观园平面复原示意图》说明

我们在绘制该图过程中，考虑过的主要问题有：

1. 《红楼梦》的错字和疏漏处

绘制大观园平面复原图以前，需校正书中的错字和书中的疏漏处，这是不言而喻的。不事先做好这项工作，不仅图纸会跟着出错，有时会感到无从落笔。

书中影响绘制复原图的错字有一处，疏漏有三处。

一处错字是：第四十一回，刘姥姥在"省亲别墅"的石牌坊前，"觉得腹内一阵乱响，忙的拉着一个小丫头，要了两张纸就解衣。众人又是笑，又忙喝他'这里使不得！'忙命一个婆子带了东北上去了。"

文中"东北上"应作"西北上"，"东"字应改成"西"字。

我们知道，怡红院在沁芳溪出水口附近，此出水口即从稻香村向西南上引出的那条支流与主流汇合后的出水口。故知怡红院在稻香村的西南上，并贴近西南的围墙，即在大观园的西南或西南角。

如果茅厕在"省亲别墅"前石牌坊的东北上，即大观园的东北上，那么，刘姥姥出了大观园东北上的茅厕，到西南或西南角的怡红院，需穿山渡水，过花圃、稻香村等园前繁华景区，绕行半个大观园。这和书中所说的"只得认着一条石子路慢慢的走来"句不符。把"东"字校正为"西"字后便没有这个问题了。

《红楼梦》中，"西"字错成"东"字，或"东"字错成"西"字的地方不少。除上面提到的一处外，至少还有三四处。如第十二回："（贾瑞）好容易盼到早晨，只见一个老婆子先将东门打开了，进去叫西门。"

文中"东""西"两字都错了，应互相调换。第十七回至十八回："贾赦等在西街门外，贾母等在荣府大门外。"文中的"西"字应改为"东"字，不然，与"芳园筑向帝城西"句不符。第三十回："（宝玉）从贾母这里出来，往西走过了穿堂，便是凤姐的院落。"文中的"西"字亦应改为"东"字等。

三处疏漏是：

疏漏一：

第十七回至十八回：贾政等人至"曲径通幽"后，"进入山洞，只见佳木茏葱，奇花闪烁，一带清流……"

贾政等人还没有走出山洞，哪里来的佳木茏葱？这里遗漏了贾政等人出山洞的情节。

疏漏二：

同回：贾政等人游览完绛云轩，"果得一门出去，院中满架蔷薇宝相，转过花障，则风清溪前阻。……说着，忽见大山阻路……"

文中"果得一门"的"门"，结合后文，应解释为怡红院的后门。书中遗漏了贾政等人出绛云轩后门至怡红院后门一带（绛云轩后面一带）的景物描写。后来虽在第四十一回通过刘姥姥醉闯怡红院的故事对这一带的景物做了补充，但毕竟是作者的疏漏处。

疏漏三：

第四十回：贾母等人"到了花溆的萝港之下，觉得阴森透骨。两滩上衰草残菱，更助秋情。贾母因见岸上的清厦旷朗……"

什么叫"花溆的萝港"？

关于"花溆"，书中介绍得很清楚：

"忽闻水声潺，泻出石洞，上则萝薜倒垂，下则落花浮荡。……众人道：'再不必拟了，恰恰乎是"武陵源"三个字。'"

"武陵源"，指一个"林尽水源"的、渔人可以进入的小孔。小孔的尽头便是人间仙境桃花源。这里借指花溆的那个上有薜萝倒垂，下有落花浮荡，水流潺潺泻出的石洞。

"花溆的萝港"说的就是这个石洞。故贾母等人行船到了"花溆的萝港"之下，便"觉得阴森透骨"。出"洞口"以后，才会有"别有天地非人间"之感。书中的"衰草残菱""清厦旷朗"等，应是出了萝港以后的景色。这里又把出洞的情节遗漏了。

一处错字，三处遗漏，不但是显而易见，而且性质相同。向以"一丝不苟"著称的《红楼梦》，为什么一而再，再而三地出现这类显而易见、性质相同的错误和疏漏？这使我们联想到古建施工中的一项陋习：以往施工放线时，南房的轴线需稍向东斜，谓之"抢阴"；北房的轴线需稍向西斜，谓之"抢阳"。这样南北房的轴线便不在一条直线上了。这在现代化施工中是绝不允许的。古代之所以要如此，据说是不应把事情做得尽善尽美；不应把事情做"绝"了。把事情做"绝"了的人是没有"后福"的。曹雪芹也许深谙此理，故在描写大观园时，不愿把它写"绝"了。书中有点小小的失误和疏漏，不是也很好吗？

2. 大观园的面积和贾政的游园路线

大观园有多大？书中说是"丈量准了，三里半大"。明清之制，三里为1800营造尺。一营造尺合32厘米。"三里半"合2016米。大致等于现在的四里。所谓"三里半"大，是说大观园围墙有二里半长。

四里长的围墙所围成的面积，以正方形为最大，相当于25公顷。大观园不一定是正方形，故其面积略小25公顷。在《大观园平面复原示意图》中，大观园的围墙长度是按2016米绘制的。

关于贾政的游园路线，红学家们一致认为是从大门入园，绕园一周而出。贾政等是顺时针方向绕园一周，还是逆时针方向绕园一周，则有两种完全不同的意见。

一种意见认为贾政等人是顺时针方向绕园一周。主要根据是一条脂评。该评语说："诸钗所居之处只在西北一带。"贾政等人游园时，先游潇湘馆、稻香村、蘅芜苑等"诸钗所居之处"，故他们的游览路线，只能是沿顺时针方向先西后东。

另一种意见认为贾政等人是逆时针方向绕园一周。其根据是书中有关"诸钗所居之处"方位的描写。书中点明方位的地方不少，除前文提到的怡红院在大观园的西南上外，还有与怡红院相邻的寒塘区里有芦雪庵。贾母从芦雪庵乘轿经"省亲别墅"对岸的藕香榭，到惜春院的西夹道门。这说明惜春院在藕香榭的东边，亦即在大观园轴线的东边。

稻香村能向西南上引出一条支流，故它亦应在大观园东边。若在大观园的西边，再向西南上引出支流便毫无意义了。探春院与稻香村"相近"，故也在大观园的东边。

潇湘馆靠近沁芳亭，沁芳亭离大门不远，故潇湘馆在大观园的南边。

书中介绍沁芳溪的走向时说："从那闸起流至那洞口，从东北山坳里引到那村庄里……"文中所说的"东北山坳里"，当是花溆的所在地。这样，萝港和萝港洞入口那边的蘅芜苑，其余脉伸进蘅芜苑的大主山以及被称为"紫菱洲花溆一带"的紫菱洲，也都在"东北山坳里"附近，即蘅芜苑、紫菱洲在大观园东北一带。

元妃命人在园"东北角子上"多种松柏，所谓的"东北角子上"，应指大主山一带而言。

据此，可能诸钗的住处，或在大观园的南边，或在大观园的东边，或在大观园的东北一带。故贾政的游园路线，只能是沿逆时针方向先东后西。

我们画的是曹雪芹笔下的大观园，不是脂评作者心目中的大观园。自当按照《红楼梦》正文来绘制《大观园平面复原示意图》。因此，该图把贾政游园路线定为逆时针方向绕园一周。

3. 薛府新宅、后门院、探春院、榆荫堂等处位置的确定

曹雪芹把大观园中的六个景区都写得特色鲜明，景区中的主要建筑、庭院也都交代得相当清楚，绘制它们的平面复原图是不太困难的。但也有少数去处写得不够明确，有的甚至只提了一下它们的名字。不先把这些书中交代不清，或者未做交代的建筑庭院的位置确定下来，是画不好复原图

的。这类建筑、庭院有：

薛家新宅

书中说，薛家搬出梨香院后，"迁于东北上一所幽静房舍居住"。"东北上"，可以理解为荣府的"东北上"，大观园的"东北上"，或者宁荣两府的"东北上"（即宁府的"东北上"）。按：梨香院就在荣府的东北角，薛家搬出梨香院后，不可能再回到荣府的"东北上"来，也不可能迁居大观园的"东北上"。因为宝钗的蘅芜苑在大观园的东北一带，若"薛家新宅"在园子的"东北上"，那么，宝钗去"薛家新宅"就无须绕道潇湘馆了（参看第三十四回）。故复原图把"薛家新宅"画在宁府的"东北上"。从这里去王夫人院和贾母院很近便。虽须穿行大观园，但却不给居住在院内的诸钗带来任何干扰，完全符合书中的要求。

后门院

后门院在大观园的北边是不成问题的，否则就不叫后门院了。但在东北角还是西北角，尚需加以证明。

第六十一回：家在后门院的柳五儿，自怡红院回家时要路过蓼溆一带。前已提及，蓼溆一带在大观园的东北，故把后门院画在大观园的东北角是较为合适的。

又：贾政等人沿着"山上盘道"翻过大主山后，"柳荫又露出一个折带朱栏板桥来"。此板桥当不会是"山上盘道"配套工程。单为一条"山上盘道"，是用不着如此大兴土木的。让折带朱栏板桥通往东北角的后门院，就再合适不过了。

《大观园平面复原示意图》还把船坞画在后门院附近，这是为了让驾娘就近到后门院值班、休息。也便于贾府对驾娘的统一管理。

探春院

确定探春院的位置比较费事。因为书中介绍探春院的位置时有一些互相矛盾的地方。如：书中说探春院与稻香村"相近"，可又说探春与李纨住处"相隔"，来往人等回话不方便。戚本第六十七回更说：李纨的丫头素云手里捧着盒子给探春送菱角、鸡头时，竟绕道沁芳亭。第十七至十八回，贾政的游园路线是：潇湘馆、稻香村、花溆、蘅芜苑；元妃的游园路线是：潇湘馆、怡红院、稻香村、蘅芜苑。他们都到过稻香村，却都没有理会与稻香村"相近"的探春院。这些描写告诉我们：探春院与稻香村既"相近"，又"相隔"，往来时需要绕道沁芳亭。

我们终于在第四十回找到了答案。原来从蓼溆一带到探春院有一条供下人们行走的"近路"。所谓"近路"，自然是指虽"近"，但行走不方便之路。《大观园平面复原示意图》把"近路"画在斜阻的青山之下，紧贴沁芳溪。有了这条"近路"，上面的问题都解决了。抄检大观园时，凤姐领下人走的正是这条"近路"。故曰"与稻香村相近"。素云手中捧着盒子，不能走"近路"，故绕道沁芳亭。贾政、元妃游园时去了稻香村而不去探春院，当然也与这条"近路"相隔有关。贾母从荇叶渚乘船去花溆时，丫头们"沿岸随行"。东岸丫头们走的无疑也是这条"近路"。我们认为，《大观园平面复原示意图》对探春院的安排是恰当的。

榆荫堂

"榆荫堂"无疑是指一座带有一片榆林的厅堂。

大观园中的园前、稻香、葬花、天上等景区特色鲜明。书中对景区中的建筑、庭院等也交代得很清楚，再也不宜加进一座占地面积很大的榆荫堂了。寒塘区已经有了一座嘉荫堂，再加一座榆荫堂便显得重复。故把榆荫堂安排在花圃区是合适的。何况"榆荫堂"之名，与花圃区的牡丹亭、芍药圃、蔷薇院等有着某种共同之处。

第六十三回："平儿还席，说红香圃太热，便在榆荫堂中摆了几席新酒佳肴。"说明榆荫堂比红香圃凉爽。某座厅堂之所以能比其他处凉爽，一是有树荫，二是近水。榆荫堂也许两者兼备。我们把榆荫堂画在花圃区靠近中央水池一侧后，才发现在这里摆上一座带林子的厅堂，对大观园的景区构成，有着多么重要的意义。

曹雪芹是想把大观园塑造成为一面"天仙宝镜"，游人穿过萝港进入人间仙境后，才能把玩宝镜中的大千世界。因此，游人进入萝港之前，是不能让他们纵览全园景色的。设若花圃区靠"中央水池"一侧没有这座榆荫堂和榆林，游人一到花圃区，就可观赏"中央水池"四周的景色。那么，穿萝港，入仙境，便变成多此一举了。"天仙宝镜"的思想主题也就失去了应有的魅力。有了榆荫堂和榆林，游人在花圃区看到的"中央水池"，仿若隐现之间，越发能激起人们一探究竟的兴致。这样，便能较好地烘托出园林的主题。可见，榆荫堂和榆林原是大观园总体设计构思中不可或缺的一部分，把它放在花圃区不过是还其本来面目而已。

大观楼

《红楼梦》第四十回对大观楼的位置介绍得非常清楚，说它在沁芳亭的前方，是一座带阁楼的体量较大的建筑，相当于大观楼的仪门楼。故元妃称它为"正楼"。

可是，我们见到的一些大观园平面复原图，却把它画成"省亲别墅"的"正楼"。究其原因，可能是贾政游园时两过大门附近，都没有提到去大观楼，便认为大观楼不在大门附近；也可能是"省亲别墅"的东配楼与大观楼的阁楼同名，便认为大观楼也许是"省亲别墅"的一部分。

两种看法都大可商榷。

贾政游园时没有提到大观楼，可能有多种原因，绝不能因此而否定第四十回对大观楼的正面描写。我们在复原图上仅稍做处理，便解决了这个问题。至于"省亲别墅"东配楼和大观楼阁楼的同名问题，确使人感到迷惑不解。但是，纵使把大观楼搬进"省亲别墅"，照样解决不了同名问题。

故《大观园平面复原示意图》仍按书中正文绘制。

玉皇庙和达摩庵

大观园中的玉皇庙和达摩庵，只有第二十三回提到了一下它们的名字。不过，要确定它们的位置倒并不困难。

我们把玉皇庙定位于天上区的西边。因为这里离诸钗活动区较远，地点偏僻。更因为天上区不能没有玉皇庙。天上区若没有这座玉皇庙，这算什么"天上诸景备"？达摩庵则定位于稻香村"背山"的背面。因有"背山"相隔，与诸钗活动区域完全隔断了联系，符合书中的要求。达摩祖师面壁十年，把达摩庵排在"背山"之下，也是合乎情理的。

除上面提到的六七处外，书中对园中其他建筑、庭院的位置均有详细描写，只要按照书中所描写的那样去绘制《大观园平面复原示意图》，只要制图人有点古建园林方面的知识，画出来的复原图都不会出入太大。这里就不一一叙述了。

4.《大观园平面复原示意图》的校核

评定复原图质量的最好办法，就是对照《红楼梦》进行校核。校核无误，质量便是好。反之，质量就不好。我们用这一办法对复原图进行了校核，尚未校核出什么问题来。因此，可以认为复原图是一张质量较好的大观园平面复原图，是可以根据这张图来探讨曹雪芹的"造园思想"而不致出现重大失误的。

但也有几处须要稍做解释才易于为读者所接受。

其一：

第二十六回：红玉去蘅芜苑取笔，刚到沁芳亭畔，与李嬷嬷谈了一会儿贾芸，随后"便站着出神，且不去取笔。……这里红玉刚走至蜂腰桥门前，只见那边坠儿引着贾芸来了。……一扭身往蘅芜苑去了"。

用上述情节来校核《大观园平面复原示意图》，就会发现难以自圆其说。红玉去蘅芜苑，已经到了沁芳亭，说明她原拟穿行大观园内诸钗居住的繁华区，按逆时针方向去蘅芜苑。按此行走路线，不经过蜂腰桥，故不可能在蜂腰桥上碰见贾芸。

我们的解释是：不应忽略红玉思想上的变化，不应忽略"便站着出神，且不去取笔"这句话的内在含义。原拟经大观园繁华区去蘅芜苑取笔的红玉，待知贾芸来怡红院的信息后，之所以"站着出神"，甚至"不去取笔"，是因为她知道，按原拟的行走路线，是见不到在园东北山坡上种树的贾芸的。贾芸来怡红院，不会穿行诸钗居住的繁华区，只能穿行比较僻静的天上区和寒塘区，红玉只能在蜂腰桥上见到贾芸。说明她"出神"以后，已经改变了主意，选择了另一条去蘅芜苑的道路。

经过上述解释后，《大观园平面复原示意图》的画法就变得合理了。

其二：

第六十三回：宝玉"径来寻黛玉，刚过了沁芳亭，忽见岫烟颤颤巍巍的迎面走来。宝玉忙问：'姐姐那里去？'岫烟笑道：'我找妙玉说话'。……岫烟听了便自往栊翠庵来"。

按《大观园平面复原示意图》，岫烟不论从园中哪座庭院出发去栊翠庵，宝玉都不可能在过了沁芳亭后见她"迎面走来"。因为各庭院都另有较近便的道路通往栊翠庵，都无须绕道沁芳亭。

我们的解释是：岫烟原拟去荣国府找凤姐，故宝玉能在过了沁芳亭后见她"迎面走来"。但岫烟又不愿意向宝玉直说，乃说找妙玉去，后遂不得不改去栊翠庵。

这是一个比较牵强的解释，但也是一个可以接受的解释，可理解为曹雪芹的"不写之写"吧。

其三：

第二十六回：黛玉去怡红院"刚到了沁芳桥，只见各色水禽都在池中浴水"。

引文中提到了"沁芳桥"，按现在通行说法，沁芳桥和沁芳亭是合二为一的。若果然如此，上面的引文便解释不通了。

我们知道，沁芳亭前有一个"白石为栏，环抱池沿"的水池。若桥亭合一，黛玉只要来到沁芳桥前，便可看到这个水池，何必要等到过了沁芳桥以后？故《大观园平面复原示意图》采用了桥亭分离的复原方案。

分离出来的沁芳桥应画在何处为宜？

要解决这个问题，请先看第五十七回。原来沁芳亭有"前头""后头"之分。按一般理解，"前头"偏于繁华，"后头"偏于僻静。故宝玉跑到亭"后头"去哭。

据此可推知"白石为栏，环抱池沿"的水池在沁芳亭的"前头"，黛玉看见的不是亭"前头"的这个水池，而是亭"后头"的另一个水池。亭"后头"是葬花区，黛玉看见的应是葬花区的水池。

第六十七回的一段话证实了这一点。该回说：袭人去看望凤姐，"刚来到沁芳桥畔，那时正是夏末秋初，池中莲藕新残相间，红绿离披"。戚本在这里还提到河边的芙蓉。袭人看见的无疑也是葬花区这个水池。四月初的水禽浴水，夏末秋初的莲藕新残相间，红绿离披，以及近水的芙蓉等所呈现出来的清幽景象，不是和葬花区的情调意境丝丝入扣吗？

据此，可知沁芳桥在沁芳亭与怡红院之间某个可以看到葬花区水池的地方。《大观园平面复原示意图》中沁芳桥的位置就是这样确定的。

其四：

第二十五回告诉我们，怡红院和潇湘馆之间，有一条小河相隔，红玉自怡红院去潇湘馆，要路过河上的翠烟桥。《大观园平面复原示意图》又在河上加了一座沁芳桥。这段小河便有了上下两座桥。因该河在沁芳亭与怡红院之间，故可把河两岸分别称为"沁芳亭的河那边"和"怡红院的河这边"。

我们之所以用这样奇怪的称呼，是因为只有这样称呼，才能把第六十三回中的一句话解释清楚。该回说群芳夜宴后回家时，写道："袭人等直送过沁芳亭河那边。"按上述称呼，这句话可解释为袭人等直送到"沁芳亭河那边"，即送过沁芳桥。若不如此解释，"沁芳桥河那边"靠近园大门，袭人等把群芳送到大门附近，除探春外，其他人岂不离家更远了？！

以上四处需要费力才能解释清楚的问题，都涉及沁芳亭。是我们把曹雪芹的原意领会错了，还是书中本来就交代不清？为探其究竟，我们对沁芳亭的复原方案图进行了反复推敲，也未能找出比《大观园平面复原示意图》更好的方案。好在不管沁芳亭部分的复原方案如何，都不影响我们对大观园总体设计构思的理解。既然如此，我们对《大观园平面复原示意图》也就不好过于苛求了。

其五：

《大观园平面复原示意图》在稻香村附近沁芳溪开道岔口处加画了一座书上未写的"无名桥"。若没有这座桥，园中很多行走路线都变得很不合理，甚至连宝钗来潇湘馆都必须穿行惜春院或翻越大主山。这当然不行。图上加画一座"无名桥"，不能说与《红楼梦》有矛盾，对探寻"曹雪芹的造园思想"，也不会带来任何不利影响，故从之。

5.《大观园平面复原示意图》不适用于后四十回

我们原想把复原图画得既适用于前八十回，也适用于后四十回。但虽多方努力，仍未达到此目的。最后，只好按前八十回绘制复原图，舍去了后四十回。

后四十回中谈及大观园的文字不多，但却与前八十回中的大观园大异其趣，下面不妨举两个较为明显的例子：

例一：第八十一回

"（宝玉）一时走到沁芳亭，但见萧疏景象，人去房空。又来至蘅芜苑，更是香草依然，门窗掩闭。转过藕香榭来，远远的只见几个人在蓼溆一带栏杆上靠着，有几个小丫头蹲在地下找东西。宝玉轻轻的走在假山背后听着。只听一个说道……"。

引文文字不多，问题却不少。

宝玉在沁芳亭便看见了紫菱洲"人去房空"的"萧疏景象"，这是不可能的。沁芳亭在园门附近，紫菱洲在园子的东北一带，两地相距甚远。何况其间有青山斜阻，山障相隔？在沁芳亭能看到的只有怡红院、潇湘馆、探春院，可这三处并未"人去房空"，也就谈不上"萧疏景象"。这是一。从沁芳亭去蘅芜苑，须经过蓼溆一带；从蘅芜苑转至藕香榭，又须经过蓼溆一带，先后经过蓼溆两次，未曾见有人靠在栏杆上。及至藕香榭，便远远看见四美在蓼溆一带钓鱼。她们的出现，岂不太突然了？这是二。从"中央水池"对岸的藕香榭到园东北大主山下的蓼溆一带，不仅远，而且要穿行惜春院。宝玉怎么轻轻一走便听到了李纨等人的谈话？这是三。要想把这类描写合情合理地反映到复原图中来，显然是做不到的。

　　例二：第九十六回

　　"黛玉早饭后带着紫鹃到贾母这边来，……刚走到沁芳桥那边山石背后，当日同宝玉葬花之处，忽听一个人呜呜咽咽在那里哭。"

　　后四十回作者心目中的那个"山石背后"，大概是指沁芳亭那边傻大姐掏促织、拾绣春囊、司棋幽会的那个"山坡那边"，而两处相隔甚远。大门附近的"山石背后"，靠近去荣府的必经之路，人员来往频繁；沁芳闸桥畔的"山坡那边"是人迹罕至的偏僻角落，且不通荣府。黛玉不会跑到大门附近，人员来往频繁的那个"山石背后"去葬花、吟葬花词。后四十回作者对"山石背后"所做的注释表明：他并不了解曹雪芹笔下的大观园，把"山石背后"和"山坡那边"混为一谈了。

　　这些就是我们绘制《大观园平面复原示意图》时没有考虑后四十回的原因。

（二）《大观园平面复原示意图》

1.穿堂门 2.前角门 3.议事厅 4.大门（二门）5.翠嶂 6.曲径通幽 7.大观楼 8.沁芳亭 9.荇叶渚 10.蜂腰板桥 11.无名桥 12.柳叶渚 13.榆荫堂 14.无名拱桥 15.荼蘼架 16.木香棚 17.芍药园 18.红香圃 19.东角门 20.达摩庵 21.牡丹亭 22.芭蕉坞 23.蔷薇院 24.花溆 25.萝港 26.洞口 27.折带朱栏板桥 28.船坞 29.后门 30.后角 31.蜂腰桥 32.石牌坊 33.大桥（沁芳闸）34.玉皇庙 35.西角门 36.茅厕 37.凸碧山庄 38.凹晶溪馆 39.嘉荫堂 40.芦雪庵 41.藕香榭 42.翠烟桥 43.沁芳桥 44.蔷薇架 45.沁芳闸桥 46.滴翠亭 47.原荣国府东角门 48.聚锦门 49.薛家新宅角门

第二篇 曹雪芹是造园师吗？

——曹雪芹与随园

当我们写完《从大观园探曹雪芹的造园思想》一文（以下简称《从》文）后，一个崭新的问题出现于我们的脑际并困惑着我们：曹雪芹是大作家，怎么会有一套如此完整、新颖、成熟的造园思想呢？

过去，不少文人墨客都有造园之好，其中一些人还对造园艺术发表过某些精辟的见解。但他们的这类见解，多是零星的、无系统的只言片语，不像曹雪芹这样有一套自成体系的造园思想。

众所周知，没有造过园的人，没有造园实践经验的人，是不可能有一套自成体系的造园思想的。

曹雪芹造过园吗？有造园的实践经验吗？结论似乎是肯定的。

本文想谈谈这方面的一些问题。

一、从袁枚的一则诗话谈起

一九二一年，我国著名学者胡适在一篇题为《红楼梦考证》的文章中，为了考证随园和大观园之间的联系，引录了袁枚的一则诗话：

"康熙间，曹练（练当作楝）亭为江宁织造……其子雪芹撰《红楼梦》一书，备记风月繁华之盛，中有所谓大观园者，即余之随园也。"

胡适先生根据这则诗话及其他一些资料得出结论说："袁枚在《随园诗话》里说《红楼梦》里的大观园即是他的随园，我们考随园的历史，可以信此话不是假的。"

这就是有名的"大观园即随园说"。

自"大观园即随园说"问世以后，赞同者甚少，反对者居多，真可谓风风雨雨数十年。在诸多反对者的意见中，重点似乎不是论证此说的对或错，而是放在批判袁枚上。给人的感觉是，好像只要批倒了袁枚，他的"大观园者，即余之随园也"的说法也就可以不攻自破似的。

事情当然不会如此简单！

尽管"大观园即随园说"受到诸般的长期批判，却始终批而不倒。直到现在，不管谁，只要写考证大观园的文章，都不能不提到胡适的"大观园即随园说"。

"大观园即随园说"为什么会有如此强大的生命力？仅仅因为袁枚的诗话白纸黑字不容抹杀吗？不是。我们认为：它的强大生命力主要来自合理的内涵。

先让我们来研究一下袁枚的这则诗话。

1. 在上述诗话引文的后面，紧接着还有如下一句："明我斋读而美之。当时红楼中有某校书，尤艳。……"

袁枚把《红楼梦》中大名鼎鼎的林黛玉称为"某校书"，说明他在写这则诗话以前根本没有看过《红楼梦》。一位没有看过《红楼梦》的人，自然不知道大观园是一座什么式样、什么性质的园林。因此，袁枚所说的大观园，不过是他想象中的一座园林而已。故而他说的"大观园者，即余之随园也"绝不可似简单地理解为"大观园＝随园"，而应该理解为，在袁枚看来，曹雪芹已经把他的随园写进了《红楼梦》。亦即他认为，随园可能是大观园的艺术原型。

正确理解袁枚的这则诗话，对探寻曹雪芹生平的某些片段有重要意义。袁枚认为曹雪芹有可能把随园写进《红楼梦》，意味着袁枚认为曹雪芹熟悉随园，到过随园。

2.一位没有看过《红楼梦》的人，一位不知道大观园为何物的人，如果不是受到别人的提示，是不会贸然地想到把随园和小说中的大观园相提并论的。袁枚显然受到明我斋（明义）的影响。明义在一则诗序中说：

"曹子雪芹所撰《红楼梦》一部，备记风月繁华之盛。盖其先人为江宁织府，其所谓大观园者，即今随园故址。……"

比较明义诗序和袁枚的诗话，就不难发现它们既相同又不同。相同的是：两者在行文、用词等方面极其相似，说明诗话系从诗序脱胎而来。不同的是：诗话对诗序做了两处重大的改动。

改动之一：袁枚把诗序中的"曹子雪芹"更改为"其子雪芹"（"其"，指曹寅）。这一改动肯定改错了。袁枚为什么会做这样的改动，留待后文再议。

改动之二：把诗序中的"随园故址"，更正为"余之随园"。我们认为这一改动很可能改对了。

什么叫"随园故址"？什么叫"余之随园"？没有人比随园主人袁枚知道得更清楚了。他知道，"随园故址"原是江宁织造隋赫德家的一座私园，一座"园倾且颓弛，其室为酒肆"的废园。这样一座园，当然不会是《红楼梦》中那座"备记风月繁华之盛"的大观园。袁枚的"余之随园"便不同了。乾隆十三年，袁枚在"随园故址"的基础上，"掘池藻，建楼台，一造三改"，进行了大规模的兴建和改建工作，随园已经不再是"一片荒地"，而是一座汇聚"风月繁华之盛"、值得一写的名园了。

袁枚做这一改动的用意是很明显的。在他看来，如果曹雪芹在某书中写了一座"备记风月繁华之盛"的什么园，那么这座园不可能取材于"随园故址"，只可能取材于"余之随园"。

3.袁枚写这则诗话时年逾花甲，已经成为名满江南的诗坛一代宗师。他可能在诗话中出现过这样那样的错误，但他绝不会编造假话，欺骗读者，毁掉自己的声誉。因此，在没有证据之前，评价他的诗话时，还是谨

慎为好。现在有些批评者把袁枚说得十分不堪，似乎过于偏激。

以上三点分析，也许能够帮助我们更好地理解袁枚的这则诗话。

其实，要搞清袁枚这则诗话是对还是错，并不怎么困难。只要拿随园和大观园比较一下就知道。如果两园确有某些共同之处，说明袁枚的诗话没有错；反之，如果找不出相同的地方来，再另发别论不迟。

卞孝萱先生就曾拿随园和大观园进行过比较。比较发现，随园的大门是柴门，大观园的大门是五间大瓦房，两者风马牛不相及。大观园中有座"崇阁巍峨，层楼高起"的"省亲别墅"，随园中找不到这样的建筑。因而得出结论说：大观园不是随园。

卞孝萱先生显然把袁枚的"大观园者，即余之随园也"简单地理解为"随园＝大观园"了。他似乎认为，既然袁枚说"大观园者，即余之随园也"，那随园的一房一舍都应该类同于大观园。前面谈到，这样来理解袁枚的话是不正确的。袁枚不知大观园为何物，袁枚的话不过是推测之词（尽管这些推测可能有某些道理，但毕竟是推测）。怎么能根据他的推测便认定随园的一房一舍都应该与大观园一模一样呢？

我们认为：袁枚这则诗话的实质，不在于随园和大观园相像到什么程度，而在于袁枚认为曹雪芹有可能把随园写进自己的小说。

曹雪芹有可能把随园写进《红楼梦》意味着什么呢？正像前面我们说过的那样，它意味着曹雪芹与袁枚曾有过某种交往；意味着曹雪芹熟悉随园，到过随园；意味着曹雪芹撰写《红楼梦》的时间不可能早于随园的兴建时间——乾隆十三年（1768）。

袁枚这则诗话的重要性就在这里，"大观园即随园说"的强大生命力也在这里！

二、随园是大观园的艺术原型吗？

作者把某事物作为自己创作的艺术原型，并不是为了丝毫不差地再现该事物，而是为了在该事物基础上有所取舍，有所发展，有所创新，使之丰满，更加典型。如果真如袁枚所说，大观园取材于随园，那么，大观园和随园之间，一定可以找到某些共同的东西，也可以找到某些不同的东西。正因有了这些不同的东西，才使得大观园超过随园，胜过随园！我们比较大观园和随园时，应该牢牢地把握住这一点。

下面我们也比较一下随园和大观园。

关于大观园，在《从大观园探曹雪芹的造园思想》一文中，已经做了比较详细的介绍。文章中不仅附有一张《大观园平面复原示意图》，还总结出一套完整的"曹雪芹造园思想"。这些材料，供两园比较用已经足够了。

关于随园，卞孝萱先生在一篇文章中谈之甚详。我们特别欣赏该文中的一份《随园图表》，这份图表是卞先生根据一幅《随园画卷》编制出来的。读者只要浏览一下这份图表，就会对随园景物有个大致的了解。现将该图表抄录于下。抄录时，我们做了少量增删。

随园图表

汪荣所绘	袁枚、袁祖志所说
园外：一带高山，山下是小桥。树林中有庙，庙里有塔，一片水田。	《随园记》："金陵自北门桥西行二里，得小仓山。山自清凉胚胎，分两岭而下，尽桥而止。"《随园琐记》卷下《记幽境》："仓山之东，有永安寺院，……中有浮图，高出云表。"同书《记丘陇》："在园之东西，计佃户十三家。有稻田，有柴山，有鱼池，有菜园，有竹木果实。"
园内：柴门（大门），篱笆。柴门内有一片竹林，竹林中有小径。	《小仓山房诗集》卷六《随园杂兴》："客敲柴门响。"同书卷九《山居绝句》："十丈篱笆千竿竹。"《随园诗话》卷十一："随园西面无墙，以山势高低，难加砖石故也。"《随园琐记》卷二《记花木》："一入柴门，便行竹径，回折周遭，始达游所。"

（续）

汪荣所绘	袁枚、袁祖志所说
在一丛丛竹林中，楼阁相联。	《小仓山房诗集》卷二十《答人问随园》："遥望竹云遮半岭，此中楼阁有高低。"
东南两面有窗的楼阁。	《随园琐记》卷上《记堂榭》："绿晓阁……东南两面皆窗，开窗则一园绿树。"
折叠式的回廊、长廊。	《随园琐记》卷上《记堂榭》："台南之左，回廊如折叠式……""沿西山一带，筑长廊数百步。"
双湖、湖上有几种式样的亭和桥。湖中有船，堤上种杨柳。	《小仓山房诗集补遗》卷一《水西亭》："活此一园景，全在一池水。"《随园琐记》卷上《记堂榭》："湖上有桥，桥上有亭，颜曰'双湖'……""鸳鸯亭：沿亭而南，于山凹水曲处，建两亭相联属，如叠双方胜式。""渡鹤桥：……堤半有桥，名曰渡鹤，盖石梁也。"《小仓山房诗集》卷十一《制小艇》。卷二十《答人问随园》："夫容杨柳种千行，半拂溪流半绕塘。"

卞先生在这份图表的前后，加上了一句很重要的说明："这幅画卷的前半段，描绘的是园林外景色，后半段，描绘的是园内景色。"

这句话之所以重要并引人深思，是因为：

第一，既然画的是随园，就应该把随园放在画面的主要位置，岂能让随园外景色占去画面的一半？画面如此构图，实在太奇怪了。及至看到图表以后，我们才慢慢地理解了其中的奥秘。

原来园外的景色十分幽美。你看，有一带高山，山下有小桥流水。仓山之东，有隐于林中的永庆寺院，寺内有高出云表的浮图（浮屠，即佛塔）即所谓的"树林中有庙，庙里有塔"。背后画家这一侧的景物，可惜画上不能全部表现出来，但从图表说明中可知："在园之东西，计佃户十三家。有稻田，有柴山，有鱼池，有菜园，有竹木果实。"现在画面上只能看到"一片水田"，其他的看不到了。如果把柴山、鱼池、菜园、竹木果实等景致加上去，再在其中出现一座田庄，在这座田庄前举目四望，远有邻村，近而负郭，靠山山有脉，临水水有源，高有隐寺之塔，下有通市之桥，不须穿凿扭捏，便是一幅"天然图画"。如此美妙的山乡野景，若不把它纳入画面，让它与随园主景区互相映衬，互相补充，岂不太可惜了？

第二，园内园外景色在画面上各占其半，连接园内外的园门自然占据了画面的中心位置，从而突出了园门。

我们注意到，随园的大门和围墙造得很特别，没有采用瓦房和砖墙，而是用了档次很低的柴门和篱笆。这很容易理解，因为在园外如此优美的民间景物中，瓦房和砖墙就显得太不协调，太不配套了。柴门和篱笆就没有这样的缺点。它们不但把自己融于四周的民间景物之中，成为民间景物的一部分，而且通过竹林、曲径的层层过渡，与随园主景区的联系也没有生硬扭捏之感。

随园正是利用了柴门和篱笆，使园内主景区和园外的荒郊野寺、田地农庄等联结成一个整体。这样，就使随园的空间更加空旷，景色更加丰富，视野更加宽阔，随园骤然变成了"大随园"。

这使我们恍然大悟，原来画家画的不是《随园图》，而是扩大了的《大随园图》。

因此，我们比较随园和大观园时，不仅要拿随园和大观园比，还要拿扩大了的"大随园"和大观园比。不仅要比它们的景物形象，还要比它们的设计构思、景物构成和设景技巧。只有通过多方位、多角度的比较，才能得出最后的结论，才能搞清随园到底是不是大观园的艺术原型。

下面，我们拟从四个不同的方面来对比随园和大观园。

1. 园林的设计构想

《从大观园探曹雪芹的造园思想》一文曾谈到，大观园是一座有思想主题的园林。随园和大观园一样，也有自己的思想主题。

大观园的思想主题是"天仙宝镜"四个字。意味着园中景色，均系镜中的影像过眼的云烟，从而烘托《红楼梦》中的"大千世界，莫非梦幻"的总主题。

《从大观园探曹雪芹的造园思想》一文，还认为园中各主要景区也都有自己的主题。比如，文中说：

"大观园的主要景区和庭院建筑都带有强烈的人物性格。如寒塘区是妙玉身世和性格的反映；稻香区、葬花区分别是李纨、黛玉身世和性格的反映等。"

随园有没有思想主题？如有，是什么？

我们认为，随园也有思想主题。其思想主题是，再现袁枚的身世和性格。

袁枚在《随园后记》中说过一段很有意思的话，这段话可以加深我们对随园的理解。他说：

"子不见高阳池馆、兰亭、梓泽乎？苍然古迹，凭吊生悲，觉与吾之精神不相属者，何也？其中'无我'故也。公卿富豪未始不召梓人营池囿，程巧致功，千力万气落成，主人张目受贺而已，问某树某名而不知也。何也？其中亦未尝'有我'故也。"

袁枚认为应该园中"有我"，而不应园中"无我"，这显然是袁枚建造随园时所追求的主要目标。他接着说：

"唯夫文士之一水一石，一亭一台，皆得之于好学深思之余，有得则谋，不善则改，……惜费故无妄作，独断故有定谋，及其成功也，不特便于己，快于意，而吾度材之功苦，构思之巧拙，皆于是征焉。"

为了做到园中"有我"，随园中的一水一石，一亭一台，不会不凝聚着袁枚的匠心，不会不是他志趣和情怀的反映。

随园似乎实现了"再现袁枚"的设计构思，晚年他自号"随园"便证明了这一点。

袁枚，江南著名才子。文场十分得意，中了进士，选入外班，做过九任知县。任江宁知县时，推行法治，有政声。三十二岁后不再出任，于小仓山下自构随园，寓居其中四十多年，专事著述，成为清季诗坛的一代宗师。足以令袁枚自豪的，不是他为官作宦的经历，而是他退职为民，隐居民间，与村夫野老为邻而又专事著述的田园牧歌式的生活经历。

随园正是在这些方面再现了袁枚。

我们可以把随园主景区看成袁枚的化身。主景区精美的亭台楼阁，象征袁枚的高贵气质和出众才华。长廊水榭所洋溢出来的清新灵透之气，则象征袁枚的超尘拔俗，倜傥风流。随园的设计不同于一般的府第花园，它象征袁枚的修养和情趣，不同于世俗的富家公卿，别有一番天地。

随园建于民间景物之中，仍能与四周的山光水色融为一体，反映出袁枚退职为民后，乐于与乡民为伍和睦相处的心境。袁枚虽然身为平民，实则胜似平民，他们之间的差别还是很大的。随园的精美建筑和四周的山乡野寺、田舍农庄同样存在着巨大的档次差，但是，它们都互相协调又互相对比。在低档次的民间景物的映衬下，随园主景区反而更显得超脱不凡，倍加精神，较好地反映了袁枚此时此地的身份和心态。

慕随园之名而欲一游随园者，当他们透过柴门，看到竹林深处的亭台楼阁，不禁会问：柴门以里怎么会有如此精美的建筑？里面是人间仙境，还是世外桃源？园主人是山中高士，还是世外仙姝？种种景色，使人产生神秘莫测的联想。退职后的袁枚，不正让世人对他产生这样的联想吗？

可见，随园和大观园都有思想主题，都在一定程度上反映了人物的性格特点，它们的设计构思是相同的。

2.园林的景区构成

在《从》文中，我们对大观园的景区构成进行分析，认为：

"从皇宫内苑到荒郊野寺，各种不同档次的建筑，悉被纳入园中，使得大观园成为一座兼容皇苑景区、园林景区、民间景区多档次的大型园林。故而色彩斑斓，对比鲜明，给人留下十分深刻的印象。"

随园是否具有这样的特点呢？

单看随园以里，自然看不出这样的特点来。但若放眼"大随园"，情况就大不相同。"大随园"至少可以分为两大景区，即园内的园林景区和园外的民间景区。如细分，还可以把民间景区分为园门一侧，以永庆寺院为主景区的荒郊野寺景区，和另一侧以田地、山地、村舍为主景的农田村舍景区。这样，"大随园"也和大观园一样，成为一座兼容一个园林景区、两个民间景区的多档次的园林。

大观园有两个民间景区——寒塘区和稻香区；"大随园"也有两个民间景区——荒郊野寺区和农田村舍区。

下面请看两个园中对应的两个民间景区的对比。

寒塘区与"大随园"荒郊野寺区的对比：

寒塘区的主景是妙玉居处栊翠庵，《红楼梦》说它是"林中藏女道丹房"。

"大随园"的荒郊野寺区的主景是永安寺院，《随园图表》说它是"树林中有庙，庙里有塔"。

两个对应景区的主景基本相同。

稻香区与"大随园"农田村舍区的对比见下表：

稻香区与农田村舍区对比表

稻香区	农田村舍区
一带黄泥筑就的矮墙，墙头皆用稻茎掩护。里面纸窗木榻，富贵气象一洗皆尽。	有袁枚某佃户家。
十里稻花香。	"有稻田。"
背山山无脉。	"有柴山。"
新涨绿添浣葛处。	"有鱼池。"
下面分畦列亩，佳蔬菜花。	"有菜园。"
外面却是桑、榆、槿、柘。	"有竹木果实。"

对比表说明,两者相似之处更多。

以上我们从园林景区构成对比了"大随园"和大观园。得出了与前一项对比所得出的完全相同的结论;可见两园在景物构成方面,也有相通的地方。

3. 园林设计技巧

对大观园和"大随园"做了初步考察以后,我们发现两园都采用了一种全新的设景技巧,在我国其他古典园林中是找不出来的。我们把它称为设置"园眼"的技巧。

大家知道,我国诗词中有一种设"诗眼"的技巧。所谓"诗眼",是指诗句中的某个字或词。这个字或词用好了,会使整句诗甚至整首诗产生质的飞跃,达到高一个层次的艺术境界。如"红杏枝头春意闹"的"闹"字,"春风又绿江南岸"的"绿"字,等等。把作诗这种设"诗眼"的技巧引进园林规划,就是我们所说的设"园眼"的技巧。

大观园和随园都因巧妙地设置了"园眼"而变得熠熠生辉。

大观园的"园眼"是大主山下的花溆萝港。大观园因有了这个"园眼"而面貌全新。《从大观园探曹雪芹的造园思想》一文说:

"……花溆萝港是按武陵源的构想设置的。萝港以外是人间世界,以里是'世外桃源'。'天仙宝镜'的思想主题以及我们把大观园分为天上区和'人间五区',都是从这一构想派生出来的。可见花溆萝港之于大观园,犹如'通灵宝玉'之于贾宝玉一样,两者不可分割。贾宝玉若失去了'通灵宝玉',便一点灵气也没有了。……游园时不去花溆萝港,只等于游了一座没有灵气的普通园林。"

给大观园以"灵气",使之成为一座有思想内涵的园林的,不是天上区的巍峨楼阁,不是稻香区的田地农舍,而是它的"园眼"——花溆萝港。

随园的"园眼"是柴门和篱笆,通过柴门和篱笆的借景,小随园变成了"大随园",单一式的园林变成了兼容园林景区和民间景区的多档次的园林，同时也赋予了随园以"再现袁枚"的思想主题。可以设想，随园的柴门和篱笆若用瓦房和砖墙取代，随园便成为一座地道的、没有灵气的普通园林了，还谈什么思想内涵？

大观园和随园都运用了设置"园眼"的技巧，都取得了很好的效果。在这一点上，两园又是相同的。

这里，我们想强调一下：把诗词中设置"诗眼"的技巧引入造园工程，是一个前无古人的创造，也只有有着深厚的传统文化功底的曹雪芹、袁枚辈，才可能有这样的创造。如果我们证明了随园确是曹雪芹擘画的，那么合理地设置"园眼"，也将成为"曹雪芹造园思想"的重要内容。

4. 园林景物形象

卞孝萱先生在比较随园和大观园的景物形象时，选用了大门和"省亲别墅"。我们根据对袁枚诗话的理解，认为不应做一房一舍的对比。现在可以更具体一些：

随园的柴门和篱笆是"园眼"，是随园的点睛之笔。怎么能拿"园眼"和大观园的大门和围墙相比呢？

"省亲别墅"是大观园皇苑景区中的主要建筑，"大随园"只有园林景区和民间景区，没有皇苑景区。怎么能拿"省亲别墅"和随园没有的东西去相比呢？

这样的对比，其结果可想而知。

皇苑景区的景物没法比，两个民间景区的景物我们在前面已经比较过了，除皇苑景区和民间景区以外的随园主景区的景物，是可以和大观园做相应对比的。请看下页的对比表：

随园主景区和大观园景物对比表

随园主景区	大观园
湖上有桥，桥上有亭，颜曰"双湖"。	"石桥三港，兽面衔吐，桥上有亭。"名"沁芳亭"。
在一丛丛竹林中，楼阁相联。一入柴门，便行竹径，回折周遭，始达游所。	潇湘馆："里面数楹修舍，有千百竿翠竹遮映。""一进门，只见两边翠竹夹路，土地下苍苔布满中间羊肠一条石子漫的路。"
东南两面有带窗的楼阁。折叠式的回廊、长廊。	"长廊曲洞。"曲洞指曲线形的门窗洞口。如圆形、扇形、瓶形等。
湖上有几种式样的亭和桥。	亭有沁芳亭、滴翠亭、藕香榭、园亭等。桥有蜂腰桥、翠烟桥、沁芳桥等。
湖中有船，堤上种杨柳。	有游船，有"绕堤柳借三篙翠"。
种植南方的花卉林木。	有大量南方的花卉林木，比如芭蕉、红菱、紫菱、梧桐、桂花树等。

两园景物，仍然是大致相同。

以上，我们已经对随园和大观园的设计构思、景区构成、设景技巧、景物形象等四个不同的方面进行了比较，都证明大观园可能取材于随园。而这些，正是决定园林性质的最主要的方面。

当我们从不同的角度对比随园和大观园，寻找两园相同之点时，自然不应忽略两园之间的不同之点。必须承认，两园之间的差别是很大的。撇开一些细节不谈，它们之间的主要差异是：大观园比随园更丰满，更典型。

先说园林的思想主题。随园的思想主题比较单一，仅仅是"再现袁枚"；大观园则丰满多了。除了再现宝玉、黛玉、李纨、妙玉等人的身世和性格，还有一个"天仙宝镜"的总主题，比随园向前大大跨进了一步。

再说园林的景区构成，随园只有园林景区和民间景区。大观园在此基础上又增加了一个皇苑景区，容量扩大了。还有，随园的民间景区是用借景的办法借过来的，有局限性，适用面不可能很广。大观园的民间景区是靠人工"穿凿扭捏"而成的，别的园也可运用这一方法，因而带有普遍性。这无疑给园林规划人提供了新的手段、新的景观品种，为以后建造多姿多彩的园林开拓了新的前景。

在设景技巧方面，两园都巧妙地运用了"园眼"，都取得了很好的效果。我们认为：大观园似乎用得更好。因为花溆萝港给大观园带来的思想内容更深刻，使之更富于哲理性，也就能给人以更多的艺术享受。

在景物形象方面虽不便评价其优劣，但大观园中的景物是按"天上"和"人间"五个不同的生活场景组织起来的，因而更富于典型性。随园景物虽好，和大观园比较起来，似乎要稍逊一筹。

可见，随园和大观园的差异不是本质上的，而是程度上的。大观园在诸多方面都超越了随园，胜过了随园。对此，我们一点也不感到意外。事情本来就是这样。从随园景物中撷取素材重新塑造出来的大观园，不能不说是随园的提高和发展。辩证法就是这样告诉我们的。

因此，我们认为随园很可能是大观园的艺术原型。

三、随园是曹雪芹擘画的吗？

前文谈到，曹雪芹有一套完整的造园思想意味着他有造园的实践经验，造过园。还谈到，袁枚的诗话提示曹雪芹熟悉随园，到过随园。我们在对比了随园和大观园后，认为随园可能是大观园的艺术原型。这使我们联想到，随园很可能是曹雪芹擘画的。

正因为随园可能是曹雪芹擘画的，他才有造园的实践经验，他才熟悉随园，他才可能把随园作为大观园的艺术原型。

果真如此吗？需要史料来证实。

我们在周汝昌先生的《红楼梦新证》中查找到一则极其可贵的史料：

"……（曹雪芹）尝至江宁，适袁枚罢官，为之擘画随园，居园中者数月。亭台之布置，花石之点缀，先生实指挥之。……"

找到这样一则史料太叫我们高兴了。曹雪芹确实造过园，有造园的实践经验，他有一套造园思想不是偶然的。袁枚是曹雪芹擘画随园的见证人，他当然知道曹雪芹到过随园，熟悉随园，并有可能把随园写进自己的小说。大观园与随园之所以有那么多相似之处，大观园之所以超越随园、胜过随园，就因为大观园确实取材于随园。

奇怪的是，像这么重要的一则史料，竟未能引起人们的注意，好像它根本不存在似的。人们宁愿相信曹雪芹与袁枚的交往只是"以文会友"，而不愿相信曹雪芹为袁枚擘画了随园。

怎么会这样呢？

原来这则史料出自无名氏写的一篇《曹雪芹先生传》。由于传文中存在着某些缺点错误而未被人们所重视。加之作者生平不可考，也一定程度上影响了传文的可信性。故一般对传文的评价都不高。城门失火，殃及池鱼！曹雪芹为袁枚擘画随园事虽无专文批驳，却也跟着贬值了。

这反而引起我们对这篇传文的兴趣。传文果真有那么多缺点和错误吗？作者生平果真不可考吗？还是让我们来看看"错误"的全文吧！

曹雪芹先生传（载《午梦堂集》

先生名舒藻，字雪芹，号耐冷道人。其先为甘肃固原人。祖某，官辽阳，以见赏太祖故，遂隶镶黄旗下。屡从征明，有功，官至副都统。父名锦堂，号练亭（当作栋），官江南织造。与陈鹏年相友善。陈忤总督噶礼。罪几不测，练亭密疏救之。旋卒于住所。先生秉有夙慧，太夫人尝梦入月而有娠，生时红光烛天，邻里异之。五岁时已毕四子，五经，长益博赡。诗宗少陵，谓唐以后无诗人。生平淡于荣利，不乐仕进。纯庙时某权相有鸿博之荐，先生力辞不应。尝至江宁，适袁枚罢官，为之擘画随园，居园中者数月。亭台之布置，花石之点缀，先生实指挥之。性任侠，为乡里雪不平事，几经罹文网。交友多道义，通有无不吝。暮年虽窘乏，犹典质琴书以应故人之急。所撰《红楼梦》小说，似指随园，而随园不以为忤，尝自诩于诗话中。先生晚年嗜酒，终日沉酣于醉乡中，卒以是致殒。无子。著作甚富，散佚殆尽云。

先谈传文的作者。

作者生平固不可考，但该文出自《午梦堂集》，《午梦堂集》却是可考的。据《红楼梦新证》介绍，《午梦堂集》是叶桐初的祖母沈宛君和她的子女们的诗文汇编。叶桐初的叔父叶燮与曹寅有文字交。叶桐初在曹府当幕宾时与曹寅唱和甚多，可算是当年曹府的知情人。若设想传文作者是叶衫桐的后裔，他从先辈那里得知不少曹家掌故，乃敢为曹雪芹作传。此后或把他所著传文附于其家藏的《午梦堂集》之后，或把自己的诗文汇编成集并题名为"午梦堂集"，这两种可能都有。如果作者与叶家无关，那他为什么要把自己的文章编入《午梦堂集》？！

传文载于《午梦堂集》，等于告诉我们作者来自叶家，故不能把传文与道听途说等同起来。

再看看《传文》中的"缺点"与"错误"：

有人指出，传文中所说的曹雪芹的世系、原籍、隶旗都与史实不符。这是事实。但对这几个"错误"也宜具体分析。文中说，曹寅是曹雪芹的父亲，显然错了。但持这种说法的何止传文作者一人？文中说，曹家的祖籍是甘肃固原，与冯其庸先生考定的曹雪芹祖籍辽阳不符。但曹家定居辽阳以前，为什么不可以来自甘肃固原？文中说：曹家隶镶黄旗，也可能出于传文作者的误会。吴恩裕先生认为：曹雪芹晚年住在香山一带的镶黄旗的地界内，传文作者也许未加详察，误认为曹雪芹隶镶黄旗。以上几点虽然错了，但错出有因，不能看得过于严重。

除此之外，传文就没有什么别的错误了。至于说文中的"太夫人尝梦入月而有娠，生时红光烛天"一句，我们认为不能算错，最多只能存疑。

因为太夫人是否有入月之梦，谁也证实不了，可谁也否认不了；夏日黄昏夕照，有时颇类"红光烛天"，在江南生活过的人都有这样的经历和体验，怎么能同封建迷信等同起来呢？

我们认为，传文的主要问题不在于它是否有某些错误，而在于它汇集了不少没有旁证材料的"独家资料"。孤证不立，没有旁证的"独家资料"再好，也没有太大的价值。曹雪芹为袁枚擘画随园事，就属于这类没有旁证材料的"独家资料"。

简单地夸大传文的缺点和错误对探寻曹雪芹的生平没有任何好处。我们与其周旋于作者生平和传文的缺点、错误之类的问题，不如花点儿力气去为独家资料寻找旁证材料。

下面是我们为"曹雪芹擘画随园事"找来的旁证。

前文谈到，曹雪芹有一套完整的造园思想，证明他有造园的实际经验，造过随园，可算是一条旁证。

袁枚在诗话中提示，曹雪芹熟悉随园，到过随园，也可能把随园写进自己的小说《红楼梦》。也可算是一条旁证。

我们在比较了随园和大观园后，认为随园可能是大观园的艺术原型。更是一条重要的旁证。

以下我们再补充一些其他的旁证。

我们认为，在所有的旁证中最过硬的一条是袁枚写的另一则诗话。

袁枚在写了前文提到的那则诗话不久，又写了另一则有关曹雪芹的诗话。其文是：

"丁未八月，余答客之便，见秦淮壁上题云：'一溪烟水露华凝，别院笙歌转玉绳……'三首，深得竹枝风趣。尾署'翠云道人'。访之，乃织造成公之子啸崖作，名延福。有才如此，可与雪芹公子前后辉映。雪芹者，曹楝亭织造之嗣君也。相隔已百年矣。"

细考这则诗话，计有错误两处：一处是仍然坚持认为曹雪芹是曹寅的嗣君，即儿子；一处是最后一句"相隔已百年矣"。

前一处错误拟在后文再议；后一处虽系明显错误，但错得非常奇怪。前不久，袁枚在诗话中不是说得清清楚楚，曹雪芹已经把"余之随园"写进了《红楼梦》吗？一位能把随园写进自己小说的人，怎么会是一位"相隔已百年"的古人呢？袁枚再糊涂，再"别有用心"，也不会在书中出现这样的错误。据此，完全可以得出结论："已百年"三字肯定错了，而且此错不可能出自袁枚之手。

印刷品中出现个别错字是常见的现象。时至今日，很多权威性的报纸、杂志仍时常出现错字。出错的原因很多，或系文稿写错了，或系文稿过录人的笔误，或系拣字工人把文稿看错了，等等。

既然"已百年"三字不可能出自袁枚之手，那么，是否由于过录人或拣字工人的误笔或误植呢？

我们曾设想，文稿原作"已多年""已有年"，文稿过录人或拣字工人看错了，误作"已百年"，只要把"百"字校正为"多"字或"有"字，问题岂不解决了？但这样的解决办法缺乏根据，难以服人。

一次偶然的机会，我们把"已四十年"四字按竖行的写法随手写在黑板上，猛一看，其外形和"已百年"三字十分相像，请看右图：

袁枚的手稿真会是"已四十年"吗？

我们推算了一下，"丁未"是乾隆五十二年。从乾隆五十二年往前推四十年是乾隆十三年。袁枚修建随园正是此年。"相隔已四十年矣"的意思是："自乾隆十三年分手以来，已经四十年了。"这和传文所说的"尝至江宁，适袁枚罢官，为之擘画随园"事，不是完全吻合了吗？

把"已百年"校正为"已四十年"，还解决了诗话本身存在的一些问题，如，曹雪芹无诗文行世，袁枚甚至连《红楼梦》都没有看过，他怎么知道曹雪芹有诗才？他根据什么拿曹雪芹与啸崖公子相提并论并赞誉他们

"有才如此"？为什么袁枚与曹雪芹分别若干年后，仍然对他如此眷念情深？把"已百年"校正为"已四十年"，这些问题都顺利解决了。

校正后的这则诗话，无疑是"曹雪芹擘画随园事"最过硬的旁证。

另一旁证是许兆桂为《绛蘅秋传奇》写的序言中所说过的一句话。许兆桂说：曹雪芹"曾与随园先生游"。许兆桂在北京时知道曹雪芹写了一部《红楼梦》，却打听不到曹雪芹的有关情况，及至返回南京，才知道曹雪芹"曾与随园先生游"。说明曹雪芹的名气在北京还不如在南京大。如果他不是为袁枚擘画随园，他在南京的名气从哪里来的呢？

另一则旁证材料是近人沈某提供的。他在提供的一份资料中说：曹雪芹自南京北返时，曾在瓜洲镇逗留一个多月。资料中提到的瓜洲镇，可与靖本脂评中所说的妙玉的结局与瓜洲渡口有关语句合看，这证明资料虽系近人提供，还是相当可靠的。

曹雪芹把瓜洲渡口写进《红楼梦》，再次证明此次南行在他撰写《红楼梦》以前。结合曹雪芹为袁枚擘画随园并把随园写进《红楼梦》事推知，他路过瓜洲镇的时间大致是乾隆十三年冬或十四年春。曹雪芹撰写《红楼梦》前路过瓜洲，同样能证明随园是曹雪芹擘画的。

现在一些人把曹雪芹乾隆十三年的南下之行硬说成是乾隆二十四年或乾隆二十五年。他们的主要根据是一幅《曹雪芹画像》和敦敏写的一首《闭门闷坐感怀》诗。现已查明，画像是赝品，敦敏的感怀诗是因怀念他的好友汪易堂而作，与曹雪芹无关。既然如此，所谓曹雪芹乾隆二十四或乾隆二十五年的南下之行的相关说法也就无法成立了。

更有甚者，有人还在曹雪芹于乾隆二十四年或乾隆二十五年南下江南的基础上，杜撰出一个曹雪芹"南下娶'新妇'说"，甚至"新妇"是谁，都能指名道姓地说出来，好像真有那么一回事一样。皮之不存，毛将焉附？连乾隆二十四年或乾隆二十五年南下之行都不能成立，又何来娶"新妇"的可能？我们在另文中，还要详细谈及这个问题，这里从略。

以上我们所列举的一些旁证材料（其中包括曹雪芹擘画随园的见证人

袁枚所写的两则诗话）证明：传文中有关曹雪芹为袁枚擘画随园的记叙不是"独家资料"，不是道听途说，而是确有其事。即：

随园确实是曹雪芹擘画的！

肯定曹雪芹为袁枚擘画随园的意义还不限于这件事本身，更在于通过这件事可以探寻曹雪芹的职业。因为：

第一，曹雪芹敢于千里迢迢地南下江宁，为袁枚擘画随园，说明他南下以前一定造过园，有造好随园的经验和信心；

第二，袁枚敢于请曹雪芹为自己擘画随园，说明他信任曹雪芹，相信他一定能造好随园。也说明曹雪芹在此以前，在造园界已经有了一定的名气。

这两条都意味着曹雪芹很可能是一位职业造园师。

四、曹雪芹是造园师吗？

造一座园，可能出于业余爱好，不算造园师。只有造了很多园的人，才配有造园师的称号。除随园外，曹雪芹还造过别的园吗？

要回答这个问题很困难，因为在有关曹雪芹生平的资料中，找不到现成的答案。

曹雪芹的生平资料，虽说数量有限，却矛盾重重，令人望而生畏。正如有的红学家所说的那样，对它们越研究问题越多，越研究越糊涂。

面对这些矛盾重重、纷乱如麻的材料，有没有什么好的办法可以理出一个头绪来？这使我们联想到胡适先生的"假设求证"法。胡适先生认为，在遇到疑难费解的问题时，不妨先做出一个"大胆的假设"，然后小心地证明这个假设，以期最后找到正确的答案。当然，"大胆的假设"不是胡乱假设，总要有一定的根据，只是根据尚不够充分罢了。

"曹雪芹是一位职业造园师"，这就是我们根据"曹雪芹擘画随园"提出的一个"大胆的假设"。

"假设"一经提出，竟出现了奇迹，原来被认为矛盾重重的某些资料，其中的矛盾骤然消失了。就像纸面上撒的一撮铁末，纸下面放上一块磁铁，纷乱的铁末一下子变得条理分明。

下面让我们"小心地求证"。

敦敏、敦诚兄弟写过不少题咏曹雪芹的诗，但多在乾隆二十四年以后。这些诗虽也很宝贵，但却无助于我们探寻曹雪芹早年的工作和生活，故其价值有一定的局限性。

唯一的例外是乾隆二十二年敦诚在喜峰口写的一首《寄怀曹雪芹》诗。这也是唯一的一首谈及曹雪芹早年工作和生活状况的诗，其重要性是可想而知的。

就是这样一首极其重要的诗，至今没有研究者做出令人信服的解释，不能不说是红学界的一大憾事。但若引进我们"大胆的假设"，解释好这首诗并不困难。现在将该诗抄录于下：

寄怀曹雪芹

少陵昔赠曹将军，曾曰魏武之子孙。
君又无乃将军后，于今环堵蓬蒿屯。
扬州旧梦久已觉，且著临邛犊鼻裈。
爱君诗笔有奇气，直追昌谷破篱樊。
当日虎门数晨夕，西窗剪烛风雨昏。
接䍦倒著容君傲，高谈雄辩虱手扪。
感时思君不相见，蓟门落日松亭樽。
劝君莫弹食客铗，劝君莫叩富儿门。
残杯冷炙有德色，不如著书黄叶村。

目前通行的对这首诗的解释之所以不妥，是因为解释后这首诗矛盾很多，也很不合理。且支离破碎，全诗连贯不起来，同时也不像是一首寄怀诗。这样的解释，当然不能算是确解。

若曹雪芹是位造园师，这首诗便容易解释了。

"于今环堵蓬蒿屯。"

人们通常将这句诗作为曹雪芹生活贫困之证，它也是曹雪芹"穷愁著书"的重要证据。但是，在有关曹雪芹生平的资料中，只说他"暮年窘乏""老而落魄"，却没有关于他壮年（四十五岁左右）生活贫困的记载。故此解释与史料不符。按照新的解释，曹雪芹是位造园师，而当时造园师的薪俸是比较丰厚的。他之所以住在"蓬蒿屯"，他之所以"茅椽蓬牖，瓦灶绳床"，那是因为作为造园师，哪里造园哪安家。为方便上班，就近租用一座民家小院，没有什么可奇怪的。类似现象，现在仍比比皆是，何况两百多年以前？！故不能据此得出曹雪芹四十岁左右（撰写《红楼梦》即在此期间）生活贫困的结论。至于敦诚诗说"举家食粥酒常赊"，那是曹雪芹晚年远离当时的造园热点——海淀、香山一带另结新庐以后的事，与这里的"蓬蒿屯"无关。据我们的推测，曹雪芹写《红楼梦》的时候并不贫困，所谓"穷愁著书"的证据是很不充分的。我们将在另文中详细谈及这个问题。

"且著临邛犊鼻裈"

一句，有人解释为曹雪芹开酒店，娶寡妇。这样的解释太让曹雪芹难堪了。曹雪芹纵身遭巨变，也不致落到开酒店的地步。运用"假设"，此句可解释为"从事贱业并娶豪门富户寡女为妻"。在敦诚等文人学士们看来，造园师是登不了大雅之堂的"贱业"，像曹雪芹这样有才气的人，干造园师的工作，如同司马相如当垆卖酒一样，白白浪费了宝贵年华。这才引起后面对曹雪芹的规劝。至于"娶豪门富户寡女为妻"事，请详见另文。

"且著临邛犊鼻裈"一句，上承"蓬蒿屯"，下启"虎门"相会四句，是理解全诗的关键。这句诗解错了，全诗便连贯不起来了。

"当日虎门数晨夕，西窗剪烛风雨昏。

接𬭁倒著容君傲，高谈雄辩虱手扪。"

"虎门"指宗学。通行的解释却围绕着"虎门"二字做文章。或说，曹雪芹在宗学教书；或说，曹雪芹在宗学当差，做杂役工作；或说，曹雪芹"数晨夕"的"数"当动词解，说明曹雪芹在宗学待了很长的一段时间，等等。

这些解释之所以不合理，是因为解释本身就存在着矛盾，故越解释问题越多。按照"假设"做出的新解释就没有这样的缺点。

曹雪芹与敦氏兄弟结识的地点会是宗学吗？不太可能。从年龄上讲，曹雪芹比敦敏大十四岁，比敦诚大十九岁；从地位上讲，敦氏兄弟是宗室子弟，曹雪芹"身遭巨变"后已沦为市井平民。年龄和社会地位的差异，在正常情况下，他们相识近乎不可能。若说他们在宗学相识，就更不可能了，宗学是宣讲礼法的地方，岂有容学员与杂役共居一室"接䍦倒著"之理？

如果曹雪芹是造园师，为敦诚敦敏家造过园（敦氏有私园，曰槐园），就讲得通了。造园时，曹雪芹是西宾，敦氏兄弟是小东家。他们之间的关系是西宾与小东家的关系。年龄、地位的差异，都不会对他们的结识产生任何不利的影响；他们之间那种"接䍦倒著""雄辩扪虱"的交往方式，也就变得非常自然了。

曹雪芹会在这里教书吗？教四书五经还是八股文章？教书既不符合曹雪芹的性格，也与"接䍦倒著"句不符。是当差做杂役吗？连"青莲宠"都不羡的曹雪芹，怎么肯屈身搞这类工作？！再说，在"黄叶村"著书的曹雪芹，为什么放下手头的书不著，偏偏要跑到宗学来当杂役？这些都是按常理解释不通的。

若曹雪芹是造园师，为造园而来到宗学，上面一些问题也就不成为问题了。过去造园，除皇家大型园林外，大者不过数月，小者一个多月就可以了，至于需要掘地掇山之类的个别景点，数日即可。曹雪芹可能为建造个别小景点而来宗学，故曰"数晨夕"云云。

把诗中"数晨夕"的"数"字看成动词，把"数晨夕"解作一段较长的时间也很不合理。首先，它与诗中的"西窗剪烛风雨昏"句不符。一段较长的时间，能有几天"风雨昏"？其次，他们长期与共，朝夕相处，在一起时哪有那么多话可谈？何况另一方是一位小青年？！若曹雪芹是造园师，为造园来宗学时巧遇当年的小东家敦诚，长期不见，可谈的东西便会很多，故"数晨夕"而谈兴不衰。

新解释比通行解释无疑要合理得多。

"劝君莫弹食客铗，劝君莫叩富儿门。

残杯冷炙有德色，不如著书黄叶村。"

按通行解释，第一句解作替权门当幕宾，第二句解作向富门借贷，第三句解作受惠于人的日子不好过，最后落实到著书"黄叶村"。

这样解释的问题是在逻辑上讲不通。因为只有在家中贫困、生活无着的情况下，不得已才到权门做幕宾，才向富门借贷，才甘心过受惠于人的生活。如果一不做幕宾，二不借贷，三不过受惠于人的生活，生活无着怎么办？生活无着，还怎么安心著书？敦诚岂能如此蛮不讲理地规劝曹雪芹！

按照"假设"得来的解释为：第一句解释为替公家造园，第二句解释为替富户造园，第三句泛指造园时的西宾生活，第四句的意思是，劝曹雪芹安心著书，少出外造园。因为不造园生活也过得去，仍然可以"著书黄叶村"。

新解释的合理性，我们就不想多说了。

最后，再来统观全诗。

按通行的解释，一会儿住"蓬蒿屯"；一会儿开酒店、娶寡妇；一会儿去宗学当差；一会儿去权门做幕宾，向富户借贷，过受惠于人的生活；最后还来个"著书黄叶村"。请问，当时他到底住哪里？干什么工作？敦诚写的是寄怀诗，按说写寄怀诗，应该为尊者讳，怎么在诗中把一些文人们看来不光彩的事，如住"蓬蒿屯"、开酒店、娶寡妇、做杂役、当幕宾、借贷、过受惠于人的生活等等一一罗列出来，这不成了哪壶不开提哪壶了？何况连一点作诗的章法也没有，敦诚岂能作这样的寄怀诗？

按照新解释，全诗以造园起兴，以造园作结。从"蓬蒿屯"联想到曹雪芹所从事的造园工作，从曹雪芹搞造园工作联想到司马相如的当垆卖酒，再联想到为宗学造园时的一桩往事，最后劝他安心著书，少出外造园。全诗脉络清晰，一气呵成。字里行间，洋溢着敦诚对曹雪芹的关切之情，这才像是一首寄怀诗！

新解释的合理性意味着"大胆假设"的合理性，因为两者是不可分割的。

曹雪芹另一位好友张宜泉在曹雪芹"庐结西郊"以后，写了一首《题芹溪居士》诗。其中有两句涉及曹雪芹早年生活中的一桩往事。要探寻曹雪芹的职业，这两句诗当然也是难得的好材料。两句诗是：

"羹调未羡青莲宠，苑召难忘立本羞。"

单从字面上看，并不难懂。前一句讲为皇帝当面效力之荣耀，后一句讲为皇帝当面效力之心酸。问题是，搞什么样的工作才能为皇帝当面效力呢？

按现在通行的解释，"苑召"的"苑"，指当时的皇家画苑如意馆，世界知名的艺术大师郎世宁，其时正在画馆工作。"苑召"，指召请曹雪芹参加画馆的工作。结合诗中"立本羞"三字，这样的解释是相当合理的。

但同时也有不合理的一面。曹雪芹固然擅长绘画，但其成就远不如诗。朋友们说他"诗笔有奇气""诗才忆曹植"，却很少提到他的画，只说他"卖画钱来付酒家"，评价不很高。故曹以画名惊动朝廷的可能性不大。纵使曹雪芹进入画馆，作为一般画师，也很难有机会见到乾隆皇帝，像李白、阎立本那样当面为皇帝效力。

作画是当时文人学士们的本职工作之一，因画得好而惊动朝苑，而招来"苑召"，是无比光荣的。拒不应召，更是风流。如此风流韵事，为何敦氏兄弟在诗中不曾提及！？

若曹雪芹是造园师，"苑"字可解作"园苑"之苑，即皇家园林管理处。"苑召"即皇家园林管理处召请曹雪芹为皇帝造园。至于何时召请的，经何人推荐，造哪一座园，我们拟在另文中详加研讨，兹不赘述。

"苑召"，是曹雪芹生平的一件大事。张宜泉是把它作为一件大事来写的。传文作者也不例外。传文说："纯庙时某权相有鸿博之荐，先生力辞不应。"指的就是"苑召"。甚至曹雪芹本人也把"苑召"看成自己生平的一件大事。后文将谈到，曹雪芹把为皇帝造园比为"补天"，并因"无材补天"而"惭恨一生"。这样重大的事件都不见于敦氏兄弟大事诗，我们想，可能与他们轻视造园师的工作有关。

不见于敦氏兄弟诗的"苑召"，张宜泉却在诗中大加赞扬。钦羡之情，溢于言表，似乎深知其中的底细。这使我们联想到张宜泉早年也可能是一位造园师。

张宜泉曾在畅春园当过笔帖式，畅春园的笔帖式当然与造园有关。他住在造园热点西郊一带。家境贫困，却结识了不少宗室子弟，深知"苑召"内情，并羡慕有加。这一切，都提示他是造园业圈内之人。据资料，曹雪芹也当过内务府的笔帖式。顾颉刚先生认为曹雪芹到过畅春园，鉴于曹家与畅春园的特殊关系（曹雪芹出生后，曹家仍负责西花园的修缮工作），鉴于李煦当过畅春园的总管，因此，曹雪芹任笔帖式的地点，可能也是畅春园。曹张交好，与其说始于张宜泉晚年在西郊当教师期间，不如说始于早年在畅春园当笔帖式期间。若说曹雪芹晚年会屈尊结交一位私塾先生，总觉得太勉强了。

"大胆假设"为我们解决了一大难题！

前面曾提到近人沈某提供的一份有关曹雪芹北归路过瓜州镇的资料。该资料也存在不少问题。资料说：

"……因而需留在瓜州镇上。其时沈家系当地'大姓'，就慕名邀请他到家食宿，热情款待，视若上宾。曹因此逗留在瓜州一个多月……"

资料中的问题有：沈某慕曹的什么名？曹无诗文行世，他在瓜州何名之有？曹、沈二人素不相识，为什么请曹到家食宿，热情款待，视若上宾？曹急于北归，行色匆匆，为什么竟在瓜州逗留一个多月之久？按常理，这些问题都不好解释。

如果曹雪芹是位为袁枚造园的造园师，沈某便慕曹为袁枚造园之名，邀请曹到家食宿为自家造园。曹既然是请来的造园师，就应该热情款待，视若上宾。曹因造园而在瓜州逗留一个多月。你看，一运用"假设"，便把问题解释得清清楚楚了。

还有资料说曹雪芹在京西蔚县坐过馆，可谁也不会相信曹雪芹会跑到蔚县去坐馆当教书先生，这和曹雪芹的性格相差太远了。疑"坐馆"是"西宾"之误，坐馆者可以称为"西宾"，造园师也可以称"西宾"。若曹是造园师，他应邀到蔚县去造园（当"西宾"）却是很有可能的。

据传，《废艺斋集稿》是抗日战争时期在礼亲王府发现的。该手稿是否出于曹雪芹之手，目前尚无定论。若真出于曹雪芹之手，则曹雪芹必与礼亲王府有着某种未知的联系。不然，他的手稿怎么会流入礼亲王府？若曹雪芹是造园师，为礼亲王府出过力，这个问题便不难解释了。

以上，我们列举了一批曹雪芹生平资料中存在的问题，同时又用"大胆假设"顺利地解决了这些问题，而且解决得合情合理。这很难说是偶然的巧合吧！

曹雪芹不是大作家、大文豪吗？怎么会当造园师？把曹雪芹说成造园师岂不贬低了曹雪芹？

这是我们现代人的看法。古时没有专业作家，也没有稿费一说。曹雪芹身遭巨变后，已沦为市井平民。此时，他必须从事一项职业以养家糊口，在可供他选择的职业中，没有比造园师更理想的了。这是因为：

（1）康、乾时期，皇帝酷爱园林艺术，并在北京大建园林。一时，北京掀起了一个造园的热潮。在此热潮的影响下，造园师的社会地位迅速提高，成了人们所向往的职业之一。

（2）造园是大规模的土建工程，耗资巨大。造园质量的好坏，主要取决于造园师，故造园师能得到较丰厚的报酬。

（3）优秀的造园师要求能诗善画，有较高的文化素养。我国一些出名的造园师，几乎都有这方面的才能。曹雪芹搞造园工作可以充分发挥自己的特长。

（4）曹家、李煦家都搞过园林方面的工作，当结识不少造园师。这就为曹雪芹学习造园技艺，最后进入造园业提供了极为有利的条件。

可见，当造园师也许是曹雪芹当时最好的甚至是唯一的出路。我们并不想贬低曹雪芹，而只想指出事情只能按照自身发展的逻辑前进！

我们认为，历史本身的发展总是合情合理的，不可能有什么矛盾。之所以在史料中出现这样或那样的矛盾，一是史料本身出错了，二是我们把史料解释错了。有关曹雪芹生平的史料中有这么多矛盾，很难把责任都推给史料本身，也应检查一下我们在解释这些史料时有没有问题。如果有某种新解释能消除史料中的矛盾并使之变得合情合理，那么，这种新解释过的史料，就可能更加接近历史的真实！

曹雪芹是位职业造园师的根据就在这里。

五、千秋功过话袁枚

最后，我们来谈谈前面遗留下来的关于袁枚把曹雪芹说成曹寅儿子的问题。为叙述方便，我们把袁枚的这一说法，称为"芹系寅子说"。

持"芹系寅子说"的不止袁枚一人，举凡论及曹雪芹的江南学者，差不多都这样说。我们把持此说的资料按时间先后排列了一下，发现提出此说最早的是袁枚（乾隆四十五年前后）。袁枚可算是始作俑者。

袁枚不是曹雪芹擘画随园的见证人吗？他不是和曹雪芹很熟悉吗？怎么会连曹雪芹的家系都搞错了？我们想，可能有多种原因，现举其要者：

传文说，曹雪芹"论诗颇诋随园，且薄其为人"。就是说，他二人相处并不融洽。这就影响了袁枚对曹雪芹的家系做进一步的了解，也使得曹雪芹不愿将自己的家系告知袁枚。这是一。袁枚是诗人，富于想象，不看重核实事实是诗人的特点。加之袁枚治学粗疏，态度也不严谨。也许袁枚在阅读明义的诗序时，把诗序中的"曹子雪芹"看错了，误认为是"寅子雪芹"了。也许他对诗坛前辈曹寅以父辈视之，曹雪芹又比自己大一岁，便想当然地认为曹雪芹是曹寅的儿子。这是二。我们在另文将谈到，曹雪芹经历某一不幸遭遇后，不愿把自己的身世经历对外宣扬。他的好友敦诚，不是也犯过说"随其先祖寅织造之任""扬州旧梦"之类的错误吗？这是三。除外，也许还有一些其他的原因。

不管什么原因，袁枚首创"芹系寅子说"毕竟是一个大错误。

袁枚写《随园诗话》时已经是诗坛的一代宗师，在学术界已经有了很高的地位和威望。《随园诗话》的流传又很广，他首创的"芹系寅子说"也随着流传下来。加之他与曹雪芹有数月"相交之谊"，使得这一说法更具有权威性。以致后来论及曹雪芹的学者，很难摆脱其影响。就连知道曹家掌故最多，写过《曹雪芹先生传》的无名氏，也未能例外。甚至连袁枚把"楝亭"错写为"练亭"，也照抄不误，其他人可想而知。

袁枚一生，可能犯过各种各样的错误。其中招来批评最多、影响最为深远的，恐怕要数他的"芹系寅子说"。至于这些批评的严厉程度，更是他始料未及的。

袁枚不是完人，有很多缺点，他对仆人的虐待就令人发指，对他进行适当的批评是完全应该的，但不必局限于他的"芹系寅子说"。

我们认为，对袁枚批评最严厉的恐怕不是现代的批评家，而是曹雪芹。因为曹雪芹把袁枚的缺点加以艺术处理后，变成反面人物贾雨村的一部分而使之遗臭千秋。

《红楼梦》第二回中贾雨村在大如州任知府的那段经历，就可能取材于袁枚。书中说：

"至大比之期，不料他十分得意，已会了进士，选入外班，今已升了本府知府。虽才干优长，未免有些贪酷之弊。且又恃才侮上，那些官员皆侧目而视。不上一年，便被上司寻了个空隙，作成一本，参他'生情狡猾，擅篡礼仪，且沽清正之名，而暗结虎狼之属。致使地方多事，民命不堪'等语。龙颜大怒，即批革职。该部文书一到，本府官员无不喜悦。那雨村心中虽十分惭恨，却面上全无一点怨色，仍是嘻笑自若；交代过公事，将历年做官积的些资本……"。

书中还说：贾雨村复职后的第一任官，是补授了应天府。

也许有人不同意这一说法，认为这是神经过敏，胡乱联系。但我们可以举出如下的一些理由来：

1）袁枚在南京时搞过一些改革，资料上说他任江宁知县时，"推行法治，有政声"。在反对改革者看来，这与"擅纂礼仪，且沽清正之名"何异？袁枚的官不太大，做官的时间也不算太长。罢官以后，却大兴土木造随园。耗费巨大，其资金从何处筹来？可见"虽才干优长，未免有些贪酷之弊"，并非空穴来风。至于"心中虽十分惭恨，却面上全无一点怨色，仍是嘻笑自若"，亦颇符合袁枚的性格。

2）曹雪芹青少年时代便来到北京，乾隆十二年以前并未外出。他相识的人中间不可能有地方官，袁枚也许是唯一的例外，而且还是在应天府任职。如果曹雪芹一开篇就想写一位应天知府，取材对象除了这位新近结识的袁枚以外，更有何人？"至大比之期，不料他十分得意……"等语，与袁枚的经历，又何其相似！

3）曹雪芹瞧不上袁枚的诗，看不起袁枚的为人。故传文说："论诗颇诋随园，且薄其为人。"大概是袁枚早年写过一些"玉在椟中求善价，钗于奁内待时飞"之类的格调较低的诗，以后又审过一些"葫芦案"，为曹雪芹所不齿的缘故。传文又说："所撰《红楼梦》小说，似指随园，而随园不以为忤，尝自诩于诗话中。"这自然是传文作者的看法。作者认为，《红楼梦》中写了一些可能触犯袁枚的东西。用"随园不以为忤"来赞誉袁枚。《红楼梦》有什么可能触犯袁枚"忤"的内容呢？除了用贾雨村暗写袁枚外，还能有别的内容吗？

我们并不是说，贾雨村就是袁枚，或袁枚与贾雨村一样坏；只是说，贾雨村在大如州当知府的这段经历，以及他的性格特点，可能取材于袁枚。

平心而论，袁枚并不太坏。在对待曹雪芹的问题上，表现得就很有涵养。曹鄙视袁之为人，袁枚并没有耿耿于怀。"所撰《红楼梦》小说，似指随园，随园不以为忤，尝自诩于诗话中"颇有点长者风度。特别令人感动的是，在相隔四十年之后，随园柳老不吹绵之时，七十二岁的袁枚，看见秦淮壁上的几首新诗，仍然勾起了对曹雪芹的怀念和赞赏之情。惜才如此，可叹也。陆游写了一首"四十年"的诗，被传为文坛佳话；袁枚写了一则"四十年"的诗话，只因文稿过录人或拣字工人搞错了一个字，便招来好些批评，人之幸与不幸若是耶？！造化捉弄人若是耶？！

在对待曹雪芹的问题上，如果要评估袁枚的功过，可以认为：

袁枚首创"芹系寅子说"，附和其说者甚多，给曹雪芹生平的研究工作带来了很多麻烦，这是"过"。不过，这个"过"，难道后来的研究者们一点责任也没有吗？袁枚写了两则有关曹雪芹的诗话，使我们从中可以探知曹雪芹生平的某些片段；他写过不少有关事宜的诗文，还请人画过一些《随园图》，使我们可以领略随园当年的盛况。更重要的是，使曹雪芹为擘画随园所付出的心血，并没有随着随园的颓圮而消失。有朝一日，或可根据这些资料，再建随园。这是"功"。对待古人，不可求全责备。有感于此，我们写了一首小诗作为本文的结束，诗中亦有为袁枚鸣不平之意。诗曰：

> 昔者造随园，南北双英会。
>
> 聚散何匆匆，底事浑如晦。
>
> "相隔四十年"，人事几兴废。
>
> 壁上见新诗，犹忆刘伶醉。
>
> 柳老不吹绵，人老容颜悴。
>
> 可怜白发翁，相思情未赘。
>
> 荣辱不可测，毁举交相汇。
>
> 把笔仰先贤，谁与评功罪！

第三篇　曹雪芹与长春园

在《曹雪芹是造园师吗？》一文中，我们谈到了随园，并认为随园和随园门外的景物可能是大观园部分园林景区和民间景区的艺术原型。

随园只有园林景区"大随园"，也只有园林景区和民间景区。大观园比"大随园"多一个皇苑景区——天上区。《大观园平面复原示意图》一文说：

"……特别是天上区的'省亲别墅'，'琳宫复道'，'绣槛''雕甍'，更非同一般。在一般府第花园，根本不可能有这样高级的建筑。显然，它们是从皇宫内苑中搬过来的。"

"从皇宫内苑中搬过来的"，说说容易，但要问从哪一座皇家园林搬过来的，回答起来就不容易了。

为了彻底搞清这个问题，我们查阅了不少有关北京园林的资料，还参观了颐和园、北海、圆明园遗址等皇家园林，最后，终于找到了长春园。我们认为，长春园内思永斋以西一片景区是大观园天上区一带的艺术原型。

一、长春园的思永斋与大观园的"省亲别墅"

《红楼梦》第十七回对"省亲别墅"做了如下介绍：

"……则见崇阁巍峨，层楼高起，面面琳宫合抱，迢迢复道萦纡，青松拂檐，玉栏绕砌，金辉兽面，彩焕螭头。"

在上面一段话中，只要把"迢迢复道萦纡"一句话抹掉，再在皇家园林中找它的艺术原型是不太困难的。因为在颐和园、北海、圆明园等园林中，都可以找到"崇阁巍峨，层楼高起，面面琳宫合抱"的建筑群；至于"青松拂檐，玉栏绕砌，金辉兽面，彩焕螭头"的建筑，更是不足为奇。

找"迢迢复道萦纡"的建筑群就难了。

"复道"，指双层游廊，"复道萦纡"，指双层游廊或来回曲折，或不止一条。在皇家园林中，有没有这样的"复道萦纡"的建筑或建筑群呢？有，它就是长春园西南上的思永斋。

思永斋，位于长春园西南的一个水洲之上，是园中仅次于淳化轩的第二大建筑群，包括前后两个大院。前院的正殿名"思永斋"，东配殿名"涧光深秀"，西配殿名"朗润轩"，前殿名"湖山堂"。后院大于前院，由四栋小楼围成。北楼名"湖光山色共一楼"，南楼与思永斋相连，名"眼界宽"，取"欲穷千里目，更上一层楼"之义。东西配楼分别名"涵虚"和"罨秀"。在这四栋小楼之间，有四条双层游廊相连，故园内空间完整，剔透玲珑。在前后院的东西两侧，另附有几个小套院，其中以东北角的小套院"小有天园"最为有名。

前院的前殿"湖山堂"兼作整座建筑的大门。门前有一个不小的水池。池沿有石码头、石栏杆等。其样式或与"北京大观园""省亲别墅"前的石码头差不多。从远处望去，前院果然"崇阁巍峨"，"面面琳宫合抱"；后院则是"层楼高起"，"迢迢复道萦纡"；四周"青松拂檐"；前面"玉栏绕砌"。完全符合《红楼梦》中的有关描写。把它看成"省亲别墅"的艺术原型一点也不过分。

下面是"长春园思永斋"的平面复原图。

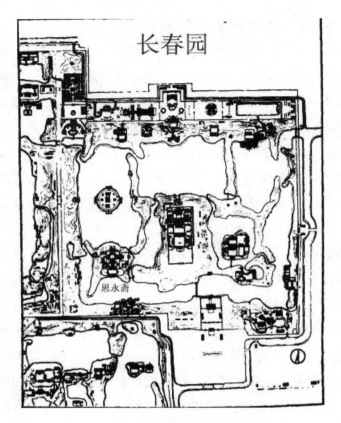

"思永斋"平面复原图

"复道萦纡"的思永斋复原图

《红楼梦》在谈及"省亲别墅"时，称东配楼缀锦阁为"飞楼"，西配楼含芳阁为"斜楼"，这样的称呼曾令我们困惑不解。熟悉古建的人都知道，按传统的布置格局，同一院落内的东西配楼的外观也应基本相同。岂有一为"飞楼"，一为"斜楼"之理？遂认为"斜"字是文稿过录人的笔误。直至看了思永斋的复原图后，我们才意识到我们错了。原来思永斋后院连接东西配楼的双层游廊，与正南正北成45度的夹角。由于视觉上的误差，东西配楼看上去既像是"飞楼"，又像是"斜楼"。书中"飞""斜"二字为互文手法，不过提示"省亲别墅"内的萦纡复道，类同于思永斋而已。

思永斋门前的东西两侧，各有一座石桥通往相邻的其他景区。"省亲别墅"门前的对应位置也有两座桥：一曰大桥（沁芳闸），一曰蜂腰桥，与思永斋大同小异。

综上所述，我们可以把思永斋看成"省亲别墅"的艺术原型，但还不能肯定思永斋就是"省亲别墅"的艺术原型。因为只有一组建筑参差相似，可能出于巧合，而巧合是不能作为定论的。

前文谈到，在思永斋的东北角有一个小套院，名曰"小有园天"，我们认为它很可能是蘅芜苑前院的艺术原型。

看过《红楼梦》的人都知道，蘅芜苑前院很有特色。书中写道：

"……因而步入门时，忽迎面突出插天的大玲珑山石来。四面群绕各色石块，竟把里面所有房屋悉皆遮住，而且一株花木也无。只见许多异草：或有牵藤的，或有引蔓的，或垂山巅，或穿石隙……"

这段话，不像是描写一座我们所常见的普通园林，而更像是描写一座"禅园"。所谓"禅园"，是一种富有"禅意"的园林。建造"禅园"，要力求做到小中见大，简中见繁，质中见性。故"禅园"一般都不大，设景则以石块、山石为主，忌用花卉林木，以便创造出一种苦、枯、朴的艺术境界。观赏"禅园"也不同于观赏一般园林，重点不是"观"，而是"悟"。通过"悟"，石块、山石幻变成千仞高山，不平的地面幻变成万顷波涛，小小的"禅园"，幻变成大千世界，再从中领悟人生的真谛，净化自己的心灵。

蘅芜苑前院不是给了我们同样的艺术感觉吗？

与思永斋相邻的"小有园天"，当年是如何设景的，现在已经不太清楚了。但它是仿杭州同名景点建造的。杭州的"小有园天"恰好是一座"禅园"，这大概不是巧合吧！

下面让我们看看思永斋周围的其他建筑。

在思永斋的西面，有一个中等大小的水池，水池对岸有一组建筑，名曰"得金阁"。

得金阁由几座临水的堂、轩组成。临水一面，有可供游人上、下船的码头（坞）。背水的一面，有一脉断续的小山。因得金阁的堂、轩位于小山和水池之间，故游人出入只能走小山与堂轩之间形成的南北夹道。又，长春园中诸主要景区都是用山分隔开来的，得金阁背面的这一脉小山，自然成了以得金阁为主景的这一片景区的屏障。小山对得金阁景区的形成，起了十分重要的作用。

在大观园中，有没有哪座庭院具有与得金阁相同的特征呢？

我们想到了惜春院。

在《从大观园探曹雪芹的造园思想》一文中，我们谈到"省亲别墅"对岸的惜春院，谈到了惜春院的主要特征：

"暖香坞、蓼风轩的命名中'坞'和蓼风'说明它们都是临水建筑。贾母在芦雪庵乘轿，经藕香榭，到惜春院的西夹道门（惜春院包括暖香坞和蓼风轩），这表明芦雪庵、藕香榭、暖香坞、蓼风轩等建筑，一字排开在中央水池的南岸。……惜春院大门外修建了一条东西夹道，只有大门外有山的情况下，才修建这样的夹道，多见于南方。若将芦雪庵背后的山，藕香榭岸上的山坡，惜春院大门外的山断断续续地连起来，就是我们所要推导的'山障'。它位于天上区的对岸，……同时起到了天上区屏障的作用。"

得金阁和惜春院的主要特征，何其相似！难道这也是巧合吗？

自得金阁沿水池北上，百余米处，有一条从水池隔断出来的河汊。河汊上有一座傍山临水而建的小庙，名曰"花神庙"，一带三间。因该庙庙身已毁，当年是茅檐土壁、槿篱竹牖，还是绣槛雕甍，彩焕螭头？河汊一带是否有芦苇掩覆？均已无法查考。但从它的基址与河汊的相对位置看，在里面推窗垂钓是毫无问题的。庙以"花神"命名，里面供奉的自然是花神。据此，可推知小庙原是供嫔妃宫女们摆设各色供品供奉花神用的，故没有在庙内设置专职女尼的必要。要之，它不过是长春园中一"景"而已。

不需要另加说明，读者一定会联想到大观园中的芦雪庵。

据《红楼梦》介绍，芦雪庵盖在傍山临水的河滩之上，一带几间，推窗便可钓鱼。外观是茅檐土壁，槿篱竹牖，周围有芦苇掩覆，一条去径，逶迤穿芦度苇过去，路过藕香榭，可直达惜春院西夹道门。这些介绍，用之于花神庙不是也非常合适吗？

芦雪庵虽以庵命名，里面却没有女尼，湘云、宝玉等人还可以在这里割腥啖膻，说明它不是一座真正的庵堂。芦雪庵的外观虽然简陋，里面却设有取暖用的"地炕"，说明它只可能取材于皇家园林。

芦雪庵不是"庵"，如花神庙一样，仅仅是大观园中的一"景"。

花神庙和芦雪庵如此雷同，也不是用巧合所能解释得了的。

有人对芦雪庵中不设女尼，湘云、宝玉等在庵内大吃鹿肉很不理解。认为书中的"庵"字错了，建议校正为"广"字。实则大可不必：因为大型皇家园林中既有通常意义的寺院，也有花神庙之类的景点与庵堂。花神庙的"庙"字可转化为芦雪庵的"庵"字，却不可转化为"广"字；何况"广"字和茅檐土壁、槿篱竹牖无共同之点，与"庙"字也毫不相干。

以上我们拿长春园中的思永斋、小有园天、得金阁、花神庙和大观园天上区一带的省亲别墅、蘅芜苑、惜春院、芦雪庵逐一进行了对比，对比证明，它们都有着相似甚至相同的特征，就是把《红楼梦》中的有关描述。原封不动用到长春园来，也没有什么不妥的地方。这就为天上区一带取材于思永斋以西一片景区的说法奠定了坚实的基础。但是，如果不把两园中互相对应的诸建筑的相对位置用简图标示出来，仍然不能给人以强烈的印象。下面这两张示意图，左面一张是思永斋以西一片景区的示意图。为便于比较，我们把图中思永斋的朝向，按顺时针方向旋转了90度。右面一张是"省亲别墅"和"中央水池"一带的示意图，是按《从大观园探曹雪芹的造园思想》一文的复原图有关部分绘制的。

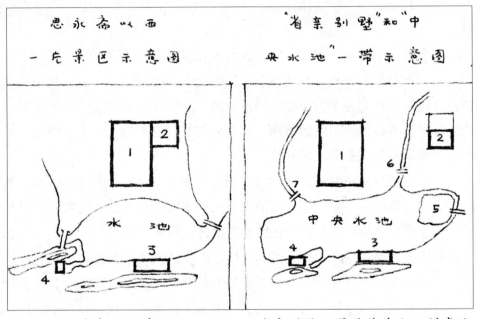

1.思永斋 2.小有园天　　　1.省亲别墅 2.蘅芜苑前院 3.惜春院
3.得金阁 4.花神庙　　　　4.芦雪庵 5.紫菱洲 6.蜂腰桥
7.大桥（沁芳闸）

看了上面的对比图后，我们相信，读者一定会同意我们的看法：大观园的天上区一带，确实是从长春园里搬过来的。

这里想补充一点，即在右面一张图中，多了一座紫菱洲。长春园中也有一座类似水洲，其上建有"玉玲珑馆"。不过，它在园的东半部，离思永斋较远。水洲上的玉玲珑馆，比迎春院大得多。但《红楼梦》毕竟是小说，如果曹雪芹为了把天上区一带塑造得更绚丽繁华，更典型，完全有理由把这座水洲连同简化了的玉玲珑馆，搬到"省亲别墅"前这片景区中来。

以上便是我们把思永斋以西一片景区看成天上区一带的艺术原型的原因；把思永斋看成是"省亲别墅"艺术原型。

二、谐奇趣与绛云轩的室内装饰

把长春园思永斋一带的景物搬进大观园，写进《红楼梦》，说明曹雪芹熟悉长春园，到过长春园。

一位熟悉长春园、到过长春园的作家，一位有条件把长春园写进自己小说的作家，会仅仅把眼光局限于思永斋一带吗？如果园中其他景物也有利于《红楼梦》的创作，他会舍而不用吗？

基于这一想法，我们把有关长春园的资料又梳理了一遍，看在园中能否找到被曹雪芹描写过的其他景物。若果有幸能找到这样的景物，等于为"大观园取材于长春园"这一命题找到了一条新的证据。

最后，我们终于在思永斋正北约500米处找到了谐奇趣。

我们认为，谐奇趣的室内装饰是宝玉所居住的绛云轩室内装饰的艺术原型。

长春园由两部分组成。北边一带是西式园林，现在通称为"西洋楼"；南面为中式园林。两者之间用小山隔开，相互影响不大。

思永斋一带是中式园林中的主要景观之一，谐奇趣则是"西洋楼"中的一处重要建筑。"西洋楼"与中式园林之间虽有山相隔，唯独谐奇趣前没有山。故谐奇趣仍能与思永斋遥相辉映，各弄其姿，使人耳目一新。

在长春园工程中，"西洋楼"开工最早，完工最晚，历时二十多年。主要建筑和景观有谐奇趣、海晏堂、迷阵、观水法、远瀛观，等等。奉命主持兴建这一工程的有法国传教士、如意馆画师郎世宁，蒋友仁等。

谐奇趣在"西洋楼"的西端，是座两层小楼。楼下为杂用房，楼上为主要游乐用房。楼前有一座小水法（即小喷水池），东西两翼各有一座乐亭。从谐奇趣前的水池对岸回头眺望，主体建筑、水法、乐亭、游廊等组合得体，错落有致；山光水色，轻快活泼。下面是谐奇趣的南立面及平面图。

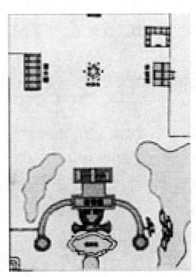

谐奇趣南立面及平面图

从外观看，谐奇趣和怡红院里的绛云轩毫无共同之处。但当我们考察它们的室内装饰时，却得出了完全不同的结论。

在寻找大观园"省亲别墅"的艺术原型时，我们通过"迢迢复道萦纡"这一颇具特色的语句，找到了思永斋。然后顺藤摸瓜，找到了小有天园、得金阁、花神庙、玉玲珑馆等一大批建筑。证明"省亲别墅"一带，确实取材于长春园。用同样的方法，我们在绛云轩内，也找到了一件颇具特色的饰物，它可以帮助我们找到绛云轩室内装饰的艺术原型。这件饰物就是悬挂在绛云轩后门厅内的美人画。

《红楼梦》第四十一回对这幅美人画做了精彩的描写。书中写道：

"……只见有一房门，于是便进了房门，只见迎面一个女孩儿，满面含笑迎了出来。刘姥姥忙笑道：'姑娘们把我丢下来了，要我碰头碰到这里来。'说了，只觉那女孩儿不答。刘姥姥便赶来拉他的手，咕咚一声，便撞到板壁上，把头碰的生疼。细瞧了一瞧，原来是一幅画儿。刘姥姥自忖道：'原来画儿有这样活凸出来的。'一面想，一面看，一面又用手摸去，却是一色平的，点头叹了两声。"

刘姥姥醉眼蒙眬，她在绛云轩里看见的是一幅什么画？是我国传统的工笔仕女画？不对！仕女画没有立体感。是一幅西洋油画？也不对！熟悉油画的人都知道，悬挂油画的位置是很讲究的。挂在什么地方，挂多高，都须根据房间大小、画面大小来决定。刘姥姥看见的是一幅能容纳下真人般大小女孩儿的大画，且不说如此大的一幅油画悬挂在小小的绛云轩内是否合适，单说它悬挂得那样低，离观赏的地方那样近，以致一低头便把头碰得生疼，一伸手便能摸出画儿是平的，就不像是一幅大油画。且油画最怕用手去摸，怎么会把它挂在一伸手便能摸到的地方？曹雪芹是画家，不会没见过油画，故他决不会如此描写一幅大油画！

不是仕女画，又不是油画，那会是什么呢？我们认为，它可能是一幅织有美人全身像的西洋挂毯。西洋挂毯上织出来的画也有活凸出来的效果。作为室内装饰，挂高一点，低一点，都行；离观赏的人近一点，远一点，也没有关系、且不怕手摸。没见过世面、喝醉了酒的刘姥姥把挂毯当作了画儿，也无可厚非。这一切，完全符合书中的情节。

问题是，乾隆时有这样的挂毯吗？如有，它挂在什么地方？曹雪芹能见到它吗？

资料证明，乾隆时确有这样的挂毯，它就悬挂在谐奇趣内。

在一篇题为《怪诞的中译本凡尔赛》的文章中（该文载于《古建园林技术》总九期，作者是法国人米谢尔·雷伯德。以下简称《怪》文)，就曾说到美人挂毯。文章说：

"乾隆皇帝倾倒于法国国王送给他的凡尔赛的画片，于1747年（乾隆十二年）命耶稣会传教士画家郎世宁在他夏季居住的圆明园里造一所欧式宫殿。"

乾隆十二年建造的这座欧式宫殿，就是谐奇趣。文章接着说：

"宫殿的各房间用高伯兰（Gobelins）生产的毛毯装饰。这些毛毯1767年（有误，据《大清一统志》记载，它们是乾隆十八年（1753）的'贡品'。路易十五送来的。毛毯上织着一些全身像，全是法国宫廷中的美人儿，像下面有她们的芳名。"

乾隆十八年或乾隆十九年，"西洋楼"诸工程中，已交付皇家使用、可供悬挂美人挂毯的，也只有这座谐奇趣。

这样，通过美人挂毯，我们便把绛云轩和谐奇趣联系起来了。

提起怡红院内宝玉居处绛云轩，读者会发现《红楼梦》中有很多关于它的超乎常规的描写。不论是它给人的总体印象，还是它的某些局部装饰，都不像是在描述一座我国传统样式的园林建筑。请看下面两段文字：

"原来四面皆是雕空玲珑木板，或流云百蝠，或岁寒三友，或山水人物，或翎毛花卉，或集锦，或博古，或万福万寿万种花样，皆是名手雕镂，五彩销金嵌宝的。一格一格，或有贮书处，或有设鼎处，或安置笔砚处，或供花设瓶、安放盆景处。其格各式各样，或天圆地方，或葵花蕉叶，或连环半璧。真是花团锦簇，剔透玲珑。倏尔五色纱糊就，竟系小窗；倏尔彩绫轻覆，竟系幽户。且满墙满壁，皆系随依古董玩器之形抠成的槽子，诸如琴、剑、悬瓶、桌屏之类，虽悬于壁，却都是与壁相平的。……未进两房，便都迷了旧路，左瞧也有门可通，右瞧又有窗暂隔。及到了跟前，又被一架书挡住。回头再走，又有窗纱明透，门径可行；及至门前，忽见迎面也进来了一群人，都与自己形相一样——却是一架玻璃大镜相照。"（第十七至十八回）

上面文字是描写绛云轩的前厅和与前厅相连的次间。下面这段文字是描写与后厅相连的次间和镜子门。

"……抬头一看，只见四面墙壁玲珑剔透。琴剑瓶炉皆贴在墙上。锦笼纱罩，金彩珠光。连地下踩的砖，皆是碧绿凿花，竟越发把眼花了。……刚从屏后得了一门转去，只见他亲家母也从外面迎了进来。……一面只管用手摸。这镜子原是西洋机括，可以开合。不意刘姥姥乱摸之间，其力巧合，便撞开消息，掩过镜子，露出门来。"（第四十一回）

这两大段文字给我们的总印象是：绛云轩又"怪"又"大"。说它"怪"，你看，室内到处是镶金嵌宝的烦琐装饰，满墙满壁抠成奇形怪状的"槽子"，还把琴剑瓶炉之类的文物玩器贴在墙上，再加上带有西洋机括的镜子门，碧绿凿花的地面砖，五花八门，令人目眩。传统中国式园林建筑，室内装饰的部位和样式都有一定之规，哪能这样肆意胡来？说它"大"，你看，室内除一大批装饰陈设外，有小窗，又有"幽户"；有书架挡住，又有窗暂隔，未进两层，竟能使人迷路。如此众多的陈设，如此复杂的平面布置，岂是绛云轩的前厅和与其相连的次间所能容纳得了的？我国民间的园林建筑，向以小巧取胜。以"北京大观园"为例，开间最大者不足四米，除檐步外的最大进深不过五米多，和现在居室的面积差不多，哪能安排下这么多东西？又怎能搞得这么复杂？而且传统建筑，明、次、稍间排序分明，平面如何，一看便知，哪会到使人迷路的地步？

这么"怪"，这么"大"，很难相信这是曹雪芹写的大观园里的中国传统样式的绛云轩，更像是一座比绛云轩"怪"得多、"大"得多的别的什么建筑。通过美人挂毯，我们会自然而然地联想到谐奇趣。

以上是看了两段文字以后得出的总印象。下面再说绛云轩内的某些局部装饰。

1. 首先是那扇带西洋机括又的镜子门

曹雪芹在撰写《红楼梦》以前，无论是皇宫内苑还是私人府邸，都没有在门上安西洋机括，镶镜子的先例。曹雪芹也就不可能凭空想象出来一扇带西洋机括的镜子门。谐奇趣是当时唯一可能有镜子门的宫殿。这不仅是因为谐奇趣是我国最早兴建的一座西洋建筑，更因为乾隆皇帝在筹建他的"欧式宫殿"时，从欧洲弄来了大量镜子，不知怎么用它们，以致不得不把镜子裁开当窗玻璃用。

在镜子多到可以裁开当窗玻璃的情况下，把它们直接镶在门上，不是更加合情合理吗？

故推知带西洋机括的镜子门只可能取材于谐奇趣。

2. 碧绿凿花的地面砖

刘姥姥脚踩的碧绿凿花的地面砖，竟能把她的眼睛都照花了，说明是带有光泽的。碧绿、凿花、带有光泽的地面砖，除了我国的绿琉璃砖外，还能是什么别的东西？

我国传统建筑，从来没有用琉璃砖铺地面的。最高级的地面，也不过是"金砖海墁"。故刘姥姥脚下的琉璃砖当另有出处。

谐奇趣的地面则可能用过琉璃砖。

前面提到的那篇《怪》文中说："郎世宁神父造了谐奇趣，很像瓷特里阿农。"又说："路易十四受到从大洋彼岸传来的新奇而神秘的形式的撩拨，于1670年命人在特里阿农造了一所'瓷屋'，它全部用按照中国式样装饰起来的瓷砖覆面。""瓷"指中国的琉璃。"瓷屋"，即"瓷特里阿农"。"瓷特里阿农"的特点是"全部用按照中国式样装饰起来的瓷砖覆面"。谐奇趣"很像瓷特里阿农"，就是说，谐奇趣也是用中国式样的"瓷砖覆面"装饰起来的。

"按照中国式样装饰起来的瓷砖覆面"的"面",指墙面,屋面,还是地面?从谐奇趣的外观图看,墙面没有"瓷砖覆面",故知"瓷砖覆面"的只有屋面和地面。

曹雪芹既然在《红楼梦》中写到"碧绿凿花"的地面砖,那么,就可以断言,谐奇趣的地面用了"瓷砖覆面",后来才被搬进绛云轩。

3. 绛云轩内满墙满壁的奇形怪状的装饰

在墙壁上随依古董玩器之形抠成槽子,把琴、剑、悬瓶、桌屏之类的东西嵌进槽子里去,还把琴剑瓶炉贴在墙上,这又是我国传统建筑中所不能有的奇怪装饰。但它们也可以使我们联想到欧洲中世纪某些府邸建筑的装饰样式。如在室内墙壁上设置一些壁龛,以及把家中某些剑、甲等有意义的物件,"贴"在墙上之类。

前面提到的那篇《怪》文中说:

"……壁龛等等建筑要素的方式完全不是法国式的,它们首先叫人想起波洛米尼(Borromin)的激情奔放的风格,或者文艺复兴晚期热那亚的府邸的风格。"

绛云轩满墙满壁的既似壁龛,又不是壁龛,随依古董玩器之形抠成的槽子,是否即这种怪异风格的再现呢?

在当时,在我国,除谐奇趣外,哪里还会有这样的装饰?

4. 窗玻璃

在《从大观园探曹雪芹的造园思想》文中,我们通过怡红院的玻璃槛、李纨后窗的窗玻璃,以及《红楼梦》中有关窗户的描写,认为大观园中包括绛云轩在内的主要建筑都用了玻璃窗。乾隆时,玻璃来自西洋,非常珍贵。荣府有一架玻璃炕屏,贾蓉想借用,凤姐尚不忘仔细叮咛,足见其身价。如果没有在窗上安玻璃的先例,曹雪芹是不敢如此大胆行笔的。

谐奇趣可能是当时唯一用过玻璃的建筑物。《从》文说:

"……还有许许多多华丽的镜子和框子装饰在窗间墙上。皇上从欧洲弄来大量镜子,不知怎么用它们,叫人把它们裁开,当窗玻璃镶上。"

这是我国使用玻璃的最早记录。荣国府、大观园出现的大量玻璃窗，除了取材于谐奇趣外，还能取材于什么地方呢？

以上，我们已经从总体印象、局部装饰两个方面证明：谐奇趣的室内装饰可能是绛云轩室内装饰的艺术原型。

也许有人会说，《红楼梦》中的类似描写，取材于西洋楼不假。但他住在西郊，他的朋友们可能到过"西洋楼"工地，焉知曹雪芹不是从朋友那里听来的？

只要我们看看《红楼梦》就知道，这一说法是不能成立的。曹雪芹一向惜墨如金，描写景物时，总是一带而过，着笔不多。书中写得最细的是稻香村，合起来也不过六七句话，绛云轩是唯一的例外。曹雪芹又一向不作重复之笔，描写景物时更是如此。书中写葬花区的次数最多，但主要是写事、写人、写情，不是写景。绛云轩又是唯一的例外。

人们只有对爱之切、知之稔的东西，才会详详细细地如数家珍，才会反反复复地加以描写。如果曹雪芹没有亲眼看到、喜爱并熟悉谐奇趣里的一切，而仅仅是从朋友那里听来一言半语，他会在《红楼梦》中不厌其详，不厌其烦地描写绛云轩的室内装饰吗？

结论只有一个：曹雪芹到过谐奇趣，熟悉谐奇趣。也就是说，曹雪芹熟悉长春园，到过长春园。这和我们在上一节中得出的结论完全一样！

下面再谈谈长春园的设计构思。

三、长春园的设计构思与曹雪芹造园思想

我们比较了曹雪芹的造园思想和长春园中式园林部分建筑的设计构思，想借以考察一下两者的异同。

相对于北京其他皇家园林来说，长春园是一座较有新意的园林。所谓"新"，主要表现在它有新的设计构思。这是造园师们从圆明园、颐和园（原名清漪园）的造园实践中总结了经验、汲取了教训的结果。

在《从》文中，我们通过剖析大观园，总结出了"曹雪芹造园思想"九条，其中有一些和长春园的设计构思是相通的。比较"曹雪芹造园思想"和长春园的设计构思，不但可以加深对长春园的理解，而且可以帮助我们搞清"曹雪芹造园思想"的来龙去脉。兹分述于后。

1.《从大观园探曹雪芹的造园思想》一文认为：**大观园是由六个景区组成的。把"景区"看成构成园林的基本单元，围绕"景区"做文章是大观园的主要特点，从而突破了过去那种以"景"为主，围绕着"景"做文章的传统造园模式，发展了我国的造园理论。**

这一特点，也适用于长春园。

长春园由空间完整、具有一定特色的十二个景区组成。绝大多数景区以水为主。每个景区都有自己的主景。各主要景区中的水面，大小不同，形状各异；景区中的主景，也千差万别：大者如淳化轩，小者如得金阁；北式建筑如思永斋，南式建筑如狮子林；中式水洲如玲珑馆，洋式水洲如海岳开襟；寺院建筑如法慧寺、花神庙；庭院建筑如鉴园和如园等，都能给人以不同的艺术享受。

规划人还安排了一定的游览路线，游人沿着既定的游览路线，可在不知不觉间，一个景区一个景区地游遍全园，而毫无拮据之感。

正因为长春园突出了"景区"和"景区"的塑造，使它既区别于北海和颐和园，也在一定程度上区别于圆明园和绮春园，而更接近大观园。

2.《从大观园探曹雪芹的造园思想》一文认为：**大观园的另一特点，是各主要景区均"以山相隔，以水相连"。**

长春园同样具有这一特点。

和大观园比较起来，长春园在山隔、水连方面迈出的步子，可谓有过之而无不及，已经到了"隔"不能再隔，"连"不能再连的地步。园中的各主要景区，几乎都被山严严实实地封闭了起来，被水紧紧地连在一起。

用山把景区隔开，使开放的空间变成完整的、较为闭塞的空间，这对保持景区的特色、防止两相邻景区的相互干扰有重要意义；然后再用水把景区联系起来。"水",可使景区生色,可把各景区统一成为一个整体。长春园和颐和园、北海一样,都有山,都有水。可颐和园和北海都没有把山和水很好地组织起来,致使园中只有大水面,没有完整的景区。长春园由于采用了"山隔""水连",化大水面为小水面,化大空间为小空间,因而变得曲折掩映,绚丽多姿。

我们并不是说,长春园一定比颐和园、北海好。长春园的缺点恰在于把"山隔""水连"搞过了头。山隔得太死,没有与景区结合起来,显得生硬做作。水连的办法也过于单调,少变化。主要景区中间是一片水面,四周是山,主景虽有一些特色,但从总体上看,给人的印象都差不多,甚至观其一而知其余,缺少跌宕起伏之类的变化,效果很不好。

正如《从大观园探曹雪芹的造园思想》文所说:

"北京的长春园是一座很有新意的大型园林,它的主要缺点是把'山隔''水联'搞得过于绝对化,致使园中主要景区构图单调,效果不好,足引以为戒。"

右面这张《长春园山水空间构成图》是从何重义、曾昭奋两先生写的一篇关于长春园的文章中裁剪过来的。读者看了这张图后,大概会同意我们对长春园的评价。

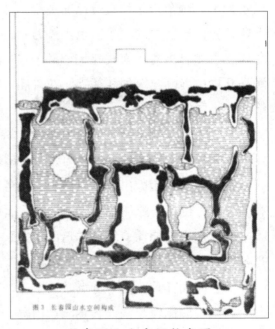

长春园山水空间构成图

3.《从大观园探曹雪芹的造园思想》文认为:大观园取得成功的重要原因之一,是它贯彻了"诸景备"的造园原则。

该文曾明确提到了这一点,文章说:"由于各种样式的景观荟萃于一些大型皇家园林中，从而出现了由单一式园林向集景式园林过渡的倾向。长春园就是一个比较典型的例子。曹雪芹'诸景备'的造园原则，正是在这样的客观条件下提出来的。"

长春园诸景区中的主要建筑，都很有特色。有中式的、西式的、南方的、北方的；有庭院，有庵堂，有殿宇，有山凹水曲处的土壁茅檐，这一些，在前面我们已经一一列举过了。

在北京的其他皇家大型园林中，也有一些南方的，甚至少数民族样式的建筑。如颐和园的谐趣园、北海的白塔、圆明园的西湖十景等。但规模之大，数量之多，品种之全，当首推长春园。特别是园北侧的西洋楼，占去了总面积的十分之一，其内景观林立，给人以强烈印象。还有，长春园（中式园林部分）是在较短时间内（乾隆十六年至乾隆二十四年）集中建造起来的。规划师们的设计构思，可以在园中得到充分体现。故各种样式的建筑，能按事先拟定好的规划安排。颐和园、北海、圆明园等园系多次扩建而成，没有这样的有利条件，也就不能很好地体现出"诸景备"的造园原则。

长春园的规划人不但在建筑品种上力求多样，而且把南方的花卉林木也引入园中，如芭蕉、桂花、蜡梅等，还培植有非盆栽的庭梅。淳化轩种植的庭梅就颇为有名。这自然会使我们联想到怡红院里的芭蕉，藕香榭岸上的桂花树和栊翠庵里的红梅。

如果说，曹雪芹的"诸景备"的造园原则，是从长春园造园实践中总结出来的，也不算言过其实。

4. 游园时，乘船穿行园中各主要景区，我们称之为"水路游园"。

大观园是一座以"水路游园"为主要游览方式的园林。《从》文认为："这种串联式的'水路游园'，构思新，效果好，可作为规划园林时的一个可供选择的方案。"

长春园也是一座以"水路游园"为主要游览方式的园林。

何重义、曾昭奋先生在一篇论及长春园的文章中说：长春园是一座以水为主的园林，故游览长春园以水路游园为主，陆路游园为辅。游览路线的安排也说明了这个问题。水路，有外环和内环两条游览路线，其中外环游览路线长达三千余米。陆路，则只有内环游览路线，没有外环游览路线。何、曾二位先生还在文章中对"水路游园"时沿途所见各景区的景色，做作了详细的介绍，引人入胜。

可见，乘船穿行各主要景区的"水路游园"，不止一座大观园，还有一座长春园。区别仅在于：大观园是乘船沿沁芳溪穿行各主要景区；而长春园是乘船经过一个又一个水池穿行各主要景区，游园的效果略有不同而已。

作为"曹雪芹造园思想"的"水路游园"又在长春园中找到了它的出处。

5.《从大观园探曹雪芹的造园思想》文认为，"曹雪芹造园思想"的"水路游园"中最重要的一条，就是造园师要敢于突破传统，大胆创新。曹雪芹以自己的敢于突破传统的创作实践，塑造出了一座新意迭出的大观园。

长春园的造园师，无疑也是一些善于总结经验，敢于突破传统、大胆创新的人。前面论及的四条就是很好的例子。

我们说，长春园是一座富有新意的园林。"新"在哪里？新就新在前面论及的四条上。

事物总是不断发展的，造园艺术和造园理论也不能例外。康、乾两朝，造园的规模最大，造园艺术和造园理论的发展也最快。我国的造园模式从以"景"为主向以"景区"为主过渡，从单一式园林向集景式园林过渡，从传统造园理论向现代化的造园理论——"曹雪芹造园思想"过渡，就是在这一时期完成的。在过渡过程中，长春园（还有随园）起到了极其重要的作用。长春园的造园师（也包括随园的主人袁枚）在推进我国造园艺术和造园理论的发展上，是有一定贡献的。

像所有新生事物一样，长春园也存在着不成熟、不完善的缺点。以前面提到的几条为例：长春园虽摆脱了以"景"为主的造园模式，各景区虽也各有特色，但总的说来，景区与景区之间的差别不大。这只要看看它的平面图就知道了。岂如大观园那样特色鲜明？景区间的"山隔""水连"，情况也差不多，同样是少变化，无情趣。"水路游园"，虽可穿越诸多景区，但那是一个水池接一个水池，像是简单的重复，激发不起游人寻幽探胜的兴致。园中虽中、西、南、北的景区俱全，但分散经营，没有把它们很好地组织起来，除可产生某种新鲜感外，不能给游人以更多的联想。和大观园相比，差距是明显的。

这些都说明，长春园的造园师有敢于突破传统大胆创新的勇气，却缺乏与之相适应的创新才能、技巧、艺术素养和想象力。这可能是长春园虽有"新意"，但却没有圆明园、颐和园那样出名的原因。

长春园的设计构思远不如"曹雪芹造园思想"成熟、完整、充实。大观园也胜过长春园。正因如此，我们才能把长春园看成大观园的艺术原型。

综上所述，我们得知：曹雪芹不但熟悉长春园中式园林部分的思永斋一带，也熟悉西洋式园林部分的谐奇趣，而且对长春园的设计构思也了如指掌。曹雪芹如此熟悉长春园，难道不值得我们好好探索一番吗？

第四篇　曹雪芹在西郊小探

这里我们打算谈三个问题：

一、是几时，曹雪芹撰写《红楼梦》？

按照现在通行的说法，《红楼梦》的撰写时间，始于乾隆九年或乾隆十年，此说有《红楼梦》甲戌本前的一首"凡例诗"为证。诗的后两句是：

"字字看来皆是血，十年辛苦不寻常。"

"甲戌"是合乾隆十九年。从这一年往前推十年，即乾隆九年或乾隆十年。

按理说，这样的推论合乎逻辑，应该是非常正确的。但是，已经有不少研究者指出，甲戌本前的凡例和"凡例诗"，是抄书人从他本过录的或脂砚斋后来补写的。若果真如此，则按"凡例诗"来推导曹雪芹开始撰写《红楼梦》的时间就很成问题了。

此外，甲戌本上还有几条脂评可以证明其时《红楼梦》全书均已完稿。但是，既然凡例和"凡例诗"可以从他本过录或补写，难道甲戌本原来没有的某些脂评，就不可以过录和补写吗？我们将另文详细探讨这个问题。

乾隆九年或乾隆十年未必是曹雪芹开始撰写《红楼梦》的时间。

我们在上一篇文章中论及袁枚的诗话时，认为诗话提示我们，曹雪芹已经把袁枚的"余之随园"写进了《红楼梦》。这就意味着，曹雪芹撰写《红楼梦》的时间不可能早于随园的修建时间——乾隆十三年。

常林先生在《红楼梦研究》（第一辑）中著文认为：乾隆十四年将侯爵、伯爵一律赐予美称，乃封有奉义侯、恭诚侯等。在此以前，公、侯、伯皆称号，仅分一、二、三等。《红楼梦》的第四、第十一、第十三、第十四等回中，提到过保龄侯、忠靖侯、锦乡侯、川宁侯、寿山伯等，这证明曹雪芹撰写《红楼梦》的时间，不可能早于乾隆十四年。

前文说：曹雪芹十分熟悉谐奇趣的室内装饰，并把它写进了《红楼梦》。按：谐奇趣于乾隆十二年开工，乾隆十六年交工。谐奇趣是园林建筑，主体工程竣工后，需留出一定时间来搞掘池、堆山、绿化、设景之类的工作。故主体工程竣工的时间要早于交工的时间。我们估计，室内各色装饰安排就绪，再早也不会早于乾隆十五年，很可能是乾隆十六年。

按照以上几件事推知，曹雪芹开始撰写《红楼梦》的时间，大致确定为乾隆十五年或乾隆十六年是比较合适的。

这一结论可以用来证明以下两件事，而这两件事又可反过来印证上面的结论。

第一件事：

胡适先生研究"甲戌本"《红楼梦》以后认为，该抄本只有十六回。胡适先生根据什么资料得出这样的结论，可以不去研究。单从曹雪芹开始撰写《红楼梦》的时间推算，甲戌本也不可能比十六回更多。

乾隆十五六年到乾隆十九年，只有三四年。其中减去脂砚斋誊清加评大约半年的时间，剩下最多不过三年，这三年中，曹雪芹不是一心一意地"著书黄叶村"，而是一面著书，一面造园，如去宗学造园。乾隆二十二年敦诚写《寄怀曹雪芹》诗，劝他安心著书，少出外造园。后文将谈到，曹雪芹此时可能正在北海造园。在这样的条件下，三年左右的时间要写完百十回的巨著《红楼梦》是不太可能的。故胡适先生认为"甲戌本"只有十六回是符合实际情况的。

第二件事：

《红楼梦》第四十一回中写到了"美人挂毯"，该挂毯是乾隆十八年法国皇帝的"贡品"。故曹雪芹看到悬挂起来的"美人挂毯"的时间不会早于乾隆十八年。也就是说《红楼梦》第四十一回的写作时间不可能早于乾隆十八年。

二、"苑召难忘立本羞"

在前面一篇文章中，曾提到张宜泉的两句诗：

"羹调未羡青莲宠，苑召难忘立本羞。"

我们认为"苑召"二字宜解作皇家园林管理处"召"请曹雪芹擘画皇家园林。鉴于曹雪芹十分熟悉长春园，则此解释可进一步落实为皇家园林管理处"召"请曹雪芹擘画筹建长春园。

长春园的中式园林部分，始建于乾隆十六年。大型皇家园林的筹建工作是颇费时间的。主要工作包括：制定园林的规划方案。绘制出建筑的平立面，按图纸计算出木材、石料、砖瓦的规格和数量，然后把各种材料备置齐全。完成这一些工作的时间，至少也需要一两年。如若曹雪芹应"召"参加长春园的筹建规划工作，当不会晚于乾隆十四年。这样，"苑召"的时间便可大致确定下来。

无名氏的《曹雪芹先生传》中说：

"纯庙时某权相有鸿博之荐，先生力辞不应。"

所谓"某权相有鸿博之荐"，当指有某位"权相"向皇帝或者向皇家园林管理处推荐曹雪芹。故知"鸿博之荐"在前，"苑召"在后。乾隆十三年曹雪芹在南京为袁枚擘画随园，故"鸿博之荐"的时间不能早于乾隆十三年，可能是乾隆十四年。

"鸿博之荐"还涉及一位"权相"。我们查阅了《清史稿》，想知道谁是这位"某权相"，他为什么要推荐曹雪芹。查阅结果是，乾隆十四年名列大学士之首，可以称为"权相"的，是孝贤纯皇后的弟弟傅恒。傅恒是李荣保之子，马武之侄。我们在本书另文中将谈到，曹雪芹是马武的外孙。若果真如此，则傅恒是曹雪芹的舅舅。

作为曹雪芹的舅舅的傅恒，对曹雪芹造园的高超技艺是很清楚的。他又是乾隆皇帝的小舅，受到乾隆皇帝的宠信。当他得知乾隆皇帝打算修建长春园时，向乾隆推荐曹雪芹，不是尽在意料之中吗？至于他向皇家园林管理处推荐曹雪芹，那就更不在话下了。

"苑召""鸿博之荐""某权相""长春园的筹建工作"，都在乾隆十四年交汇在一起了；都与曹雪芹交汇在一起了，如此合辙对榫，岂能是偶然的巧合？

乾隆十四年曹雪芹参加长春园的筹建工作，为下面两个十分棘手的问题，提供了合情合理的答案。

其一：

乾隆十五年或乾隆十六年，曹雪芹开始撰写《红楼梦》，此时，思永斋等建筑尚未开工，曹雪芹怎么可能把它们之间的相对位置和它们的形象写进《红楼梦》？

其二：

长春园（中式园林部分）于乾隆二十四年完工。要领会它的设计构思，只有在全部工程完工以后。曹雪芹怎么可能在开始撰写《红楼梦》时，已经把长春园的设计构思加以充实、提高，发展成为自己的"造园思想"，用来指导塑造大观园？

合理的答案只能是：因为曹雪芹参加过长春园的规划工作。故在长春园没有开工之前，已经非常熟悉长春园的设计构思，熟悉园中诸建筑和景观的形象。

人们或许会说：我们可以同意你们对"苑召"和"鸿博之荐"所做的解释，但张宜泉诗中说"不羡青莲宠""难忘立本羞"，传文中则说"先生力辞不应"，说明曹雪芹并没有参加长春园的筹建工作。

这其中可能有很大的误解。

"难忘立本羞"可以有两种不同的解释。一种解释是曹雪芹根本没有应"召"，另一种解释是应"召"了，因蒙受了"立本之羞"而中途退出，辞去了工作。后一种解释似更符合诗的原意。

传文说"先生力辞不应"，表面看来，曹雪芹似乎没有应"召"，但若结合造园师的工作特点看，也许还有另一种解释。

古代造园师的工作内容和现在在设计院工作的建筑师不同。现在大多建筑师的主要任务是在室内绘制施工图纸，不必到现场指导施工。

清时建造大型皇家园林，绘制建筑平面、立面图，计算木、石、砖、瓦的规格数量，另有专人负责。造园师的任务，除开工前商定园林的设计方案外，主要是在开工以后亲临现场指挥施工。搞"亭台之布置，花木之点缀"之类的工作。因此，亲临现场指挥施工，常被认为是造园师的本职工作。

曹雪芹参加制定长春园的设计方案，但却没有参加长春园的现场施工。这等于承担造园师的主要的，也是本职的工作。故传文作者称之为"力辞不应"。

可见，张宜泉诗和传文所说，与曹雪芹一度参加长春园的筹建工作之间，并没有太大的矛盾。何况传文作者也可能听信了误传。

写到这里，需要修正前文中的如下说法。前文说："长春园的造园师（也包括随园的主人袁枚）在推进我国造园艺术和造园理论的发展上，是有一定贡献的。"现在来看，这样的说法不对了。因为长春园的某些新设计构思，可能来自曹雪芹本人。思永斋以西一片景区的规划，也可能出自曹雪芹之手。长春园最后的效果不好，远不如大观园，这倒到可以归咎于长春园的造园师。也许正因为他们的干预，才使得曹雪芹辞去了自己的工作，才使得长春园成为后来的这个样子。

对"苑召"和"鸿博之荐"的解释就到此为止。

三、"无材补天""作奇传"

上文说，曹雪芹参加了长春园设计方案的制定工作，但却没有参加施工现场的指挥工作，亦即他中途退出了长春园的擘画工作。

我们认为，这就是曹雪芹所说的"无材补天"

曹雪芹为什么会中途退出长春园的擘画工作？其原因已无法查证。据估计，或许因他提出的设计方案，没有得到同行们甚至乾隆皇帝的认可；或许因他的某些新设想，受到同行们的讥笑和批评；或许因他对其他人提出的质量低劣的方案不愿承担道义上的责任；以及受到排斥不能展示自己的才能，等等。而不是自己真正"无材"，所谓"无材"，不过是自嘲之词罢了。

我们对"无材补天"所做出的上述解释，肯定会遭到众多人的反对。反对者会认为如此解释，把曹雪芹的伟大理想贬低为区区小事，把美丽的神话传说解释得庸俗不堪。但是，我们认为这样的解释是符合曹雪芹的思想实际的。

曹雪芹出身于内务府，内务府是为皇帝服务的专门机构。曹家三代任职江宁织造，名重一时，也不过为皇家供应衣料而已。曹雪芹的伯父桑额，被录取为宁寿宫茶上人，为皇帝煮茶，已经是值得一提的殊荣了。曹雪芹为皇帝擘画大型皇家园林，能算区区小事吗？

作为造园师，所追求的是造一些好园，更不要说为皇帝造园了。曹雪芹把造好长春园称为"补天"，怎么就贬低了曹雪芹？

曹雪芹没有自视太高，只把自己比作三万六千五百零一块补天石中的一块，而且是可有可无的一块。为皇帝造园，不正是为皇帝效力"补天"的一个方面吗？

不把"补天"解释为给皇帝造园，那解释为什么呢？解释为立身于庙堂之上，拯民于水火之中吗？不行！解释为替圣人立言，为庶民请命吗？也不行！解释为为贫苦大众干出一番事业来吗？更不行！只要看看《红楼梦》中宝玉的形象，考察一下宝玉的思想，就知道这类解释是多么荒谬了。

曹雪芹是愿意造好长春园的。他曾为不得已而退出长春园的工作感到惭恨！

《红楼梦》第一回说：

"……因见众石俱得补天，独自己无材不堪入选，遂自怨自叹，日夜悲号惭愧。"

脂砚斋在书中"无材补天，幻如尘世"八字之后，加评语说：

"八字便是作者一生惭恨！"

我们把"苑召"说成曹雪芹生平的一件大事，其根据即在此！

把"补天"解作为皇帝擘画长春园，还可帮助我们更好地理解下面这首诗：

"无材可去补苍天，枉入红尘若许年。

此系身前身后事，倩谁记去作奇传？"

"身前身后事"明指大荒山无稽崖青埂峰下一块大石头上记叙的故事，实指曹雪芹早年写下的《红楼梦》初稿《风月宝鉴》（原名《石头记》）。"作奇传"，指将《风月宝鉴》改写为《红楼梦》小说，也就是脂评所说的"堕落情根"。

这首诗告诉我们："无材补天"在前，"作奇传"在后。亦即曹雪芹退出长春园的工作在前，开始撰写《红楼梦》在后。已知曹雪芹开始撰写《红楼梦》的时间是乾隆十五年或乾隆十六年，故曹雪芹退出长春园的工作的时间只能是乾隆十五年。

从乾隆十四年的"苑召"，到乾隆十五年的"无材补天"，曹雪芹在长春园工作了一年左右的时间。

曹雪芹退出长春园的擘画工作以后，是否调离了长春园？或者，与长春园再未发生别的关系了？事实好像并非如此！

前面曾谈到，长春园分中式园林和西式园林两部分。施工时，大致相当于现在两个独立的工区。前者由"中国技师"负责，工程规模大，工期短。后者由郎世宁负责，工程占地面积只相当于中式园林的十分之一，工期却用了三十多年。

西式园林中的谐奇趣，于乾隆十六年交工。交工前，必须做好建筑物四周的绿化设景工作。鉴于曹雪芹熟悉谐奇趣的室内装饰，可以推知，曹雪芹退出长春园中式园林的擘画工作后，即投身到谐奇趣的绿化工作中。

据资料，郎世宁在自己的笔记中说，他在"西洋楼"施工期间，曾结识一位"中国技师"，这位"中国技师"还去过他的办公室，并与之交谈过。笔记中虽未提到"中国技师"的名字，但郎世宁是世界级的艺术大师，与他相交的人也绝非等闲之辈。我们估计，这位"中国技师"很可能就是曹雪芹。

曹雪芹会一些法语单词，甚至包括像"温都里纳"这样的专业性很强的法语单词，这一事实，可作为曹、郎二人相交的旁证。

还有，乾隆十八年、乾隆十九年在谐奇趣内悬挂的"美人挂毯"被写进了《红楼梦》，证明乾隆十八年、乾隆十九年曹雪芹仍能进入谐奇趣。此时，谐奇趣交工已三年，若不具有特殊身份，绝对进不了谐奇趣，也绝对见不到"美人挂毯"。此特殊身份，不正是他参加"西洋楼"工程的某些工作的证明吗？

还有，在前面提到的那篇《怪》文中说：

"郎世宁神父造了谐奇趣，……皇帝跟他的嫔妃们可以在那儿透过窗子欣赏铜羊和鸟喷出来的泉水。而音乐家们躲在丛林里奏着轻婉的曲子。"

文中所记叙的是谐奇趣交付皇家使用以后所发生的故事，亦即乾隆十六年以后在谐奇趣发生的故事。

这个故事使我们很容易联想到《红楼梦》第四十回贾母宴请刘姥姥的有关描写。书上说，贾母等人在缀锦阁底下吃酒，命梨香院的女孩子在藕香榭水亭子上奏乐，她们一面吃酒，一面听乐。这些描写，取材于谐奇趣的痕迹是非常明显的。曹雪芹能看到乾隆皇帝在谐奇趣饮酒作乐的情景也证明，他确实参加了"西洋楼"工程的某些工作。

"西洋楼"的工程进展很慢，需要搞绿化设景的地方不多，这就为曹雪芹撰写《红楼梦》提供了十分有利的条件，也为应聘去宗学之类的地方造园提供了条件。据我们估计，乾隆二十二年，曹雪芹还应聘（或被委派）去北海擘画园中园静心斋。

现北海静心斋内，东边的水池上有座"蜂腰桥"，水池北侧有座与沁芳亭相仿佛的水亭。西边叠翠楼前有座"翠嶂"，"翠嶂"一侧有个可以形容为"曲径通幽"的石洞。和大观园比较起来，区别仅在于大观楼前的"翠嶂"体量较大，其侧的石洞绕过大观楼。而这里的石洞直通叠翠楼二楼。静心斋建于乾隆二十二年，正是这年，敦诚写《寄怀曹雪芹》，应与曹雪芹此时擘画静心斋有关。这是一个非常重大的问题。如果我们的估计没有错，那么，北海的静心斋应是曹雪芹给我们留下的唯一的一座较为完整的园中园。

对曹雪芹来说，"无材补天"是坏事也是好事。如果没有"无材补天"，也就没有今天的《红楼梦》。无怪脂砚斋在评语中说：

"使当日虽不以此补天，就该去补地之坑陷，使地平坦，而不有此一部鬼话。"

"补地"或指为私人造园。

以上所谈诸端，有的有资料作凭，有的则是通过合理的推导，以便把各种资料串联起来。这样的推导，是不能和推测混为一谈的。

现将曹雪芹在西郊的生活和工作情况汇集成一张《时间表》，如下：

乾隆十三年：在南京为袁枚擘画随园。

乾隆十四年：经傅恒推荐，皇家园林管理处召请他擘画长春园。

自城内迁居长春园附近的"蓬蒿屯"。

乾隆十五年：辞去长春园的职务，转入"西洋楼"工程工作。

本年或次年开始写《红楼梦》。

乾隆十六年至乾隆十八年：去宗学造景。

乾隆十九年：《红楼梦》前四十四回脂砚斋重评稿本定稿。

乾隆二十二年：擘画北海园中园静心斋。故敦诚诗寄曹雪芹，劝他安心著书，少出外造园。此时曹雪芹或搬回城内。

乾隆二十四年至乾隆二十五年：《红楼梦》全书四阅定稿。曹雪芹随后迁居"寂寞西郊"的新庐。

乾隆十九年以后，曹雪芹是否仍住在长春园附近的"蓬蒿屯"，乾隆二十二年前是否又搬回城内，以后是否又迁居香山一带，尚不清楚。乾隆二十四年或乾隆二十五年定居"寂寞西郊"后，便完全脱离了造园工作，生活也随之贫困起来。但那已是曹雪芹晚年的事了，拟另文再议。

从乾隆十五年或乾隆十六年曹雪芹开始撰写《红楼梦》，到二十四年或乾隆二十五年脂砚斋二次誊抄，四阅定稿，刚好用了十年。故"凡例诗"说："十年辛苦不寻常。"

曹雪芹在西郊头十年的情况，大致说来，就是如此！

第五篇 萃锦园拾萃（二则）

——怡红院与黛玉葬花处寻踪

萃锦园，位于城区北隅什刹海的南岸，是恭王府的后花园。它的最大特点是引进了御河之水，从而成为北京城区唯一一座有大面积水面的私家园林。据说清末民初时，引水渠仍依稀可辨。我们参观时，不但找不到水渠，连水池都被泥沙填满了。

园的东面是孚王府。听人说，早年的园门是朝东开的。若果然如此，则该园应是孚王府的西花园，后来才改为恭王府。又听说，该园曾一度是明将领吴三桂父亲的暮年静养之地。若果然如此，则该园应是明朝的旧园。当然不知确否。

其时，本文作者之一正参与"北京大观园"的筹建工作，故最关心的问题是该园与《红楼梦》里的大观园到底有没有联系。如有，是怎么样的联系。参观后，我们得出的结论是：确如周汝昌先生所说，萃锦园是大观园的艺术原型。不过，它仅仅是大观园中怡红院和葬花区的艺术原型。

在前面关于随园和长春园的两篇文章中，我们找到了作为大观园艺术原型的随园和长春园，现在再加上萃锦园，这就可以宣布说：萃锦园、随园、长春园是大观园"三大艺术原型"。

我们通过随园，搞清了曹雪芹的职业；通过长春园，搞清了曹雪芹在西郊的某些生活和工作片段；通过萃锦园能获得同样的收获吗？

大出所料，通过对萃锦园、恭王府的分析研究，我们竟探寻到了曹雪芹青少年时代的秘密！现在先谈萃锦园：

一、京华何处怡红院？

在北京，长期以来盛传什刹海一带即大观园遗址。周汝昌先生在《红楼梦新证》一书中，列举了不少这类传说，现抄录几则如下：

《旧京闲话》："后门外十刹海（今写作什刹海），市传为小说《红楼梦》之大观园。"

《燕市贞明录》："……后海清醇王府在焉，前海垂杨夹道，错落有致，或曰是《石头记》之大观园。"

谢锡勋红楼梦分咏绝句题词的原注："十汉海（即什刹海），或谓即大观园遗址……"

《清稗类钞》："京城后城之西北，有大观园旧址……"

根据这些传闻，再加上宝钗的诗"芳园筑向帝城西"和其他资料，专家们认为，《红楼梦》中的大观园，很可能是以恭王府的后花园——萃锦园为艺术原型而塑造出来的。

最近几年，上海、北京相继建成"大观园"。当看到这些新建起来的"大观园"，规模宏大，房舍众多，山水重复，与萃锦园没有多少相同的地方时，相信旧时传闻的人便越来越少了。好事难两全，北京添了一座新建的"大观园"，却使萃锦园失去原有的光彩，颇令人遗憾。

萃锦园，位于北京什刹海附近，东西长约170米，南北长约150米，占地面积2.57公顷。园内按南北分路的模式布置，共分三路。中路有蝠厅、绿天小隐、垂青樾、流杯亭等；东路北半部为大戏台及其附属用房，南头有一座小小的垂花门；西路除几座土山外，原有建筑均已毁坏，据说它的中部，曾有一个很大的矩形水池（已被流沙填平），池中有座水亭子。我们现在这里看到的建筑物，都是后来增建的，不是旧时原物。

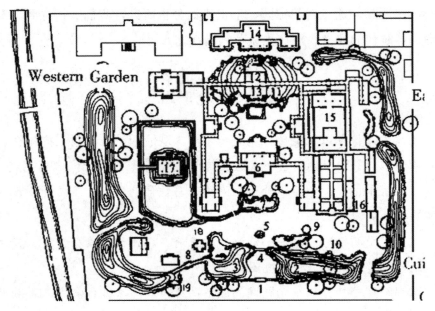

萃锦园平面临摹图（天津美术学院刘怡斐绘制）

　　细加考察，就会发现园内诸建筑的兴建年代各不相同。其中绿天小隐、垂青樾、垂青樾前庭的游廊、厢房等的兴建年代最早，这些建筑的构造方法不怎么正规，用材的尺寸，掇砌山石的朴质样式，都说明它们是明朝遗物。这组建筑布置疏密得当，高低错落有致，园林气氛浓郁，是全园的精华。园内其他建筑如蝠厅、大戏台及其附属用房等，体量偏大，占地拥挤，空间闭塞，缺乏园林建筑的韵味，从构造上看，是典型的清式做法，它们的兴建年代要晚一些。流杯亭等建筑，建于同治年间，自然就更晚了。

　　据专家们论证，萃锦园是乾隆时权臣和珅建造的，但从园内各建筑始建于不同的年代推测，和珅不过是在一座遗园的基础上，进行了相当规模的改建和扩建而已。

　　常言说，"园如其人"，某遗园的主人是何样人，已无法查考，由和珅主持兴建的一些建筑，倒是相当准确地反映了他的财力、权势、爱好和精神面貌。和珅似乎认为，建筑盖得越大、越气派越好，致使大戏台、蝠厅等盖得又大又笨，像一个胖子坐在窄小的圈椅上，令人看了很不舒服。园中有一块康熙皇帝书写的"福"字碑，和珅为了向这块碑表示忠心，在垂青樾的前院掘了一个"蝠"形水池——蝠池，在绿天小隐的北坡，建了一座"蝠"的精舍——蝠厅，这两处形式主义工程，在艺术上毫无可取，反而将一座好端端的园林，搞得不伦不类。西路的水池和原有建筑，虽已被填、被毁，但从它们的遗址判断，那种"越大越好"的造园信条，在这里也得到贯彻执行。

和珅的生年比曹雪芹晚，他建萃锦园时，曹雪芹已经去世。曹雪芹看到过并写进《红楼梦》书中的，不可能是和珅扩建后的萃锦园，但却可能是萃锦园的前身——明代或清代早期某遗园。某遗园的面积自然比萃锦园小，它同样不可能是大观园的艺术原型，但却有可能是大观园中某个庭院的艺术原型。

看过《红楼梦》者知道，大观园内有座怡红院，怡红院的主要建筑叫绛云轩，宝玉的卧室就在绛云轩内。《红楼梦》对绛云轩做过反复多次的描写。通过这些描写，我们可以将它的平面复原图，原原本本勾画出来。对绛云轩描写得最详细的，要数书中第十七至十八回。也许描写得过于详细，反而使读者如坠五里雾中，搞不清它的庐山真面目。我们下面在引用这段文字时，为便于阅读，将书中有关室内装修、陈设等方面的描写全部删去，只保留描写建筑平面布置方面的内容。删节后的原文如下：

"……一入门，两边都是游廊相接。……都在廊外抱厦下打就的榻上坐了。……说着引人进入房内，……贾政等走了进来，未进两层（可见只进了一层），便都迷了旧路，左瞧也有门可通，右瞧又有窗暂隔，……及转过镜去（指镜子门），益发见门子多了，……贾珍笑道'从这门出去，便是后院'……说着，又转了两层纱橱厨锦槅，果得一门出去。"

看了上面一段文字后，可知绛云轩的平面布置并不复杂。贾政等先进抱厦，经抱厦到前厅，从前厅往里进一层，便看见了镜子门，转过镜子门后，再从一门出去，过两层纱厨锦槅，便到了后门厅。按照我国传统的建筑模式，前后门厅都设在建筑的中轴线上。据此，便可以将《绛云轩平面复图》绘制出来。如下：

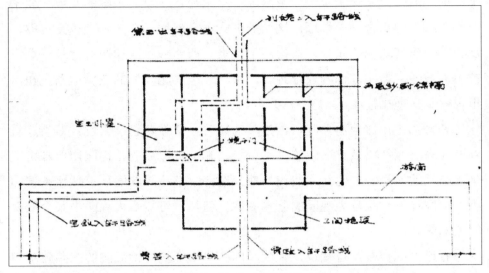

绛云轩平面复原图

在上面的复原图中，按第二十六回、三十四回、三十六回、四十一回的有关情节，加画了贾芸、黛玉、宝钗、刘姥姥等进出绛云轩的路线。《红楼梦》第二十六回中说：绛云轩的正面，有"小小的五间抱厦"，但在上图中只画了三间，这是因为我们采纳了北京"大观园"怡红院设计人蒋鸿宾工程师的意见，五间抱厦会将绛云轩的正面全部遮住，看起来反而不像是抱厦，立面、采光等也不好处理，再说宝玉在卧室内一眼便看清了院中的贾芸（第二十六回），前面满是抱厦会遮住宝玉的视线。蒋先生说，他曾见过一种版本，书中作"小小的三间抱厦"。我们认为，蒋先生的意见是对的。

从上面的复原图可以看出，绛云轩是一幢双联五开间带三间抱厦的建筑，这种样式的建筑，北京并不多见，园林建筑就更难找了。事有凑巧，萃锦园中轴线上的主要建筑垂青樾，正是这种样式。不过我们现在所看到的垂青樾，北边的一跨已经拆毁并改建过了，然而，原有的台阶还保存得很好。按台阶位置复原北跨后，便是一幢不折不扣的双联五开间带三间抱厦的建筑，与绛云轩一点不差。

我们当然不能得出结论说"垂青樾就是绛云轩"，人们会说这是偶然的巧合。因此还需找到更多的证据。

为了找到更多的证据，我们将绛云轩和垂青樾的前庭后院，逐一做了比较，令人兴奋的是，比较结果表明，两者竟惊人的相似。在比较后院时，我们甚至加深了对怡红院后院平面布置的理解。

《红楼梦》书中介绍，进怡红院后，两侧有厢房（袭人住在厢房内），厢房与绛云轩有游廊相接。这些同垂青樾前庭的情况是一样的。怡红院前庭中有几棵松树，松影满庭，故宝玉有诗："松影一庭唯见鹤。"据记载，垂青樾的前庭曾槐树数棵，每当夏日，绿云窣地，暑气全消。可见两处的意境也相差不多。

怡红院的后院，两侧都有园门，刘姥姥从一侧的园门进后院，"迎面忽有一带水池，只有七八尺宽，石头砌岸，……上面有一块白石横架在上面"（第四十一回）。贾政等出后院，走的是另一侧的门。垂青樾的后院，两侧也各有园门，也有一个七八尺宽石头砌岸的水池，上面也架有石板一块。不过，垂青樾的水池，位于中轴线上，与怡红院中有关描述不符。但问题不在于水池的具体位置，位置是可以按照主人的意愿加以改动的；问题在于后院有水源。在北京有水源的后院，屈指可数。

怡红院中有一个供老婆子及粗使丫头（如红玉）等人居住的小院，小院位置，书中没有交代。不过书中有一段对话，可以帮助我们设想这个小院的位置。第二十四回中写道：

"宝玉看了，便笑问道：'你也是我这屋里的人么？'那丫头（指红玉）道：'是的。'宝玉道：'既是这屋里的，我怎么不认得？'那丫头听说，便冷笑了一声道：'不认得的也多，岂止我一个……'"

　　红玉长得容长脸面，细巧身材，是一位十分俏丽干净的女孩子，爱在女孩儿身上用心思的宝玉，对她竟陌生若此，可见她居住的小院，或远离绛云轩的前庭后院，或地点比较隐蔽。我们在绘制怡红院的复原图时，曾设想过好几个方案，都不满意。参观萃锦园后，我们受到很大启发，如果把怡红院放在绛云轩后院的北半部——相当现在蝠厅所在的地方，最为理想。明眼人一看就会看出，蝠厅是后来增建的，增建前这里可能有一些小房子（如"红玉院"），绿天小隐的土山，正好在这些小房子和垂青樾之间。从垂青樾看不到这些小房子，但联系还比较方便，完全符合书中的情节。可以说，是和珅在扩建某遗园时，为了盖一座"蝠"形厅，将"红玉院"拆掉了。

　　又据资料，园内原悬挂有御书匾额一块，题曰"怡神所"。在蝠厅、大戏台尚未兴建的情况下，够资格悬挂这块匾额的，唯有"垂青樾"。故知垂青樾原名为"怡神所"。"怡"者，"怡红公子"之"怡"；"神"者，"神瑛侍者"之神。两字均与宝玉的名讳有关。脂评一再提到的"怡红细事"，也许不过是"怡神所"里发生的"怡神细事"的再现而已。

　　通过上面一些对比，仍然坚持说一切都是偶然的巧合的，就未免太固执了。何况众多的历史传闻，也不是用偶然的巧合所能解释得通的。

　　不过，这些历史上的传闻，也有不足之处。"把某遗园写进大观园"和"某遗园一带即大观园"，毕竟是两个不同的概念，不能混淆这两种概念。传闻正是在这一点上犯了错误。曹雪芹把某遗园写进了大观园，传闻却错成某遗园一带即大观园，给后学者带来不少麻烦。

　　因此，我们用不着为萃锦园即大观园这一旧概念的消失而感到遗憾，因为某遗园即怡红院这一新概念同时产生了。新的代替旧的并不坏！

　　上面的看法是否正确可以亲自去验证。我们相信，当参观完萃锦园后，有人问你们："京华何处怡红院？"你们会满怀信心地说："怡红院就在眼前，怡红院就在脚下！"

二、黛玉葬花知何处？

下面是我绘制的葬花区平面复原示意图

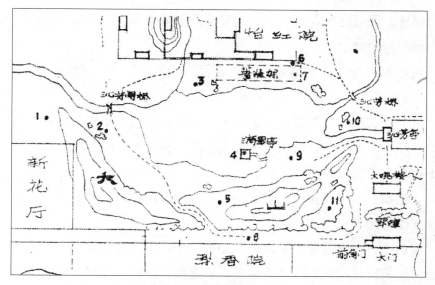

葬花区平面复原示意图

本文拟着重介绍这张图是如何推导出来的。

《红楼梦》第十七至十八回对葬花区的景物做了概括的描述。书上说贾政等游完怡红院后，果得一门出去，但见：

"院中满架蔷薇芬馥，转过花障，则见清溪前阻。众人诧异：'这股水又从何而来？'贾珍遥指道：'原从那闸起流到那洞口，从东北山坳里引到那村庄里，又开一道岔口，引到西南上，总共流到这里。仍旧合在一处，从那墙下出去。'说着，忽见大山阻路。众人都道：'迷了路了。'贾珍笑道：'随我来。'仍在前导引。众人随他，直由山脚边忽一转，便是平坦宽阔大路，豁然大门前见。"

这段文字过于简略，留给读者的印象不深。只知道院内有"满架蔷薇"、花障、"清溪前阻"、"大山阻路"等。至于"满架"到底有多

"满"？"大山"到底有多"大"？花障在什么地方？贾政等人是如何跨过清溪的？均语焉不详。仅仅根据这段文字，是画不出复原图来的。好在第二十三、二十七、三十、三十一、八十七等回对葬花区的景物做了不少补充描述。通过这些补充文字，我对蔷薇花架、清溪、大山等，就有一个较为清晰的印象了。

贾政等人越过前阻的清溪，"忽见大山阻路。众人都道：'迷了路了。'"

所谓"迷路"，是说众人来到大山之前，恍然不知此身何处！借以形容大山之大，大到可以把葬花区与大观园中的其他景物隔断开来，致使众人不知身在大观园中的什么地方。

"迷路"二字还说明大山的出口比较隐蔽，没有人在前引导，众人不易绕出葬花区。

大山之下，离滴翠亭不远处，还有一个山洞。第二十七回两次提到这个山洞。一次是宝钗来到滴翠亭外，听见红玉与坠儿在亭外说私房话，为避嫌而假装寻找黛玉时说："一定又是钻到山子里去了。遇见蛇，咬一口也吧（罢）了。"另一次是红玉替凤姐办完事，"回来只见凤姐不在山坡子了，因见司棋从山洞里出来，站着系裙子。"

通过以上几段引文的介绍，说明大山确实比较大、比较长。从宝玉渡水登山的"山"开始，到滴翠亭附近的"山坡"，再到沁芳闸桥附近的"山坡那边"，连连绵绵地立于清溪的对岸。正因为有了它，葬花区才会成为一个独立、完整、具有自己特色的景区。

对葬花区里的蔷薇架、清溪、水池、大山等做了上述补充描写后，曹雪芹笔下的这片景区便有血有肉地跃然纸上，便可以着手绘制它的平面复原图了。

先看看它的四界：

一面是怡红院，对面是大山；一侧是清溪的入口，另一侧是清溪的出口和围墙。

再看景区内的主要景物：

一条带有大水池的清溪将景区一分为二。水池内有水亭，清溪上有闸桥。清溪这边，有花障和满架芬馥蔷薇；清溪那边有山下的山洞、山坡那边的花冢和山脚边忽一转便可看到大观园大门的出口。

《附图》的葬花区就是根据上面这些分析绘制的。虽然我们在绘图前已经意识到萃锦园西路可能是葬花区的艺术原型，绘制时则尽量避开这一点，完全根据《红楼梦》中的有关描叙。这样，在对比《葬花区平面复原示意图》和《萃锦园平面临摹图》时，就不会有人说我们是牵强附会了。

看过《红楼梦》的人都知道，书中描写最细的是怡红院，故事发生最多的是葬花区。单以前面提到的引文为例，就有龄官划蔷、翠缕拾金麒麟、宝钗扑蝶、红玉传心事、凤姐春游、宝玉祭晴雯、宝玉和黛玉读《会真记》、黛玉葬花、黛玉哭吟《葬花吟》，等等。曹雪芹为什么要这样写呢？为什么对萃锦园中的一桥一亭，一书一木写得如此详尽呢？是因为对它们印象极深、感情极深吗？是这里曾经发生过的众多的优美动人的故事，使得他铭心永记、终身难忘吗？我们在另文中将谈到，原来曹雪芹就在这座萃锦园中，度过了他那有欢乐、有痛苦、有追求、有悔恨的青少年时代！

本文多少有点学究气，寻章摘句太多，读起来令人发腻。但是，若看完本文后再去游览萃锦园，却能给你增添无边的遐想。游览中路垂青樾时，宝玉的音容笑貌，仿佛就在你眼前；指点垂青樾的后院前庭，到处都似乎铺满了袭人晴雯的脚印；当你来到西路时，可神游的地方就更多了。水池的岸沿，不难想象出宝钗乍露，蹑手蹑脚扑蝶时的婀娜芳姿。水亭子的窗外，可曾听到红玉与坠儿的窃窃私语？最是西北角上的山坡前后：山坡那边——香冢银锄埋艳骨；山坡这边——锦囊花帚拾落红。令人心碎，令人心碎！

"黛玉葬花知何处？"就在萃锦园西路西北角上山坡的这边和那边。让我们到那里去凭吊吧，凭吊封建社会少女们的不幸命运，凭吊曹雪芹为她们所付出的一眶血泪、万种激情！

第六篇 荣国府——一座典型的明清府第

《红楼梦》作者曹雪芹为我们塑造了一座"峥嵘轩峻"的荣国府。荣国府的第一代主人是荣国公云源。不言而喻，荣国府不是一般民间的深宅大院，而是一座府第。

确认荣国府是一座府第，这一点十分重要。因为府第不同于民间大院，在平面布局和使用等方面，都有自己一些独特的模式。荣国府既然是府第，它必然符合这些模式。

反过来，如果我们了解这些模式，再来读《红楼梦》，就有可能更好地了解荣国府，进而更好地了解曹雪芹的创作方法。

下面简单介绍一下府第建筑的一般模式。

一、府第建筑的一般模式

府第建筑是我国封建社会意识形态的产物。对外，它是府第主人权势的象征；对内，它是府内成员生活和行止的规范。所谓"上下有别""男女有别"，在府第内表现得尤为明显。

下面这些资料，有的得于书本，有的则是从古建老工人、老技师那里得来的。虽不够全面、准确，但对研究府第建筑，研究曹雪芹笔下的荣国府，还是很有帮助的。

（一）府第建筑布局没有法定模式，也没有两座完全相同的府第

这是因为建造府第时，总要受到诸如地形，环境，府第主人的爵位、财力、爱好，家庭成员的多寡，设计师的意向等各种条件影响。从现存的一些府第看，规模有大有小，房舍有少有多，装饰有简有繁，甚至还有不少由民间大院改成的府第。此一府第和彼一府第之间的差别是很大的。

我这里所讲的府第建筑平面布局的一般模式，是指从诸多府第中抽象出来的，带有普遍性的布局模式。不能把它看死了。兹概述于下：

府第均坐北朝南，通常由三"路"组成。每路南北向又分若干"进"。一般为四至六进。"路"和"进"是构成府第的基本单元。

1. 中路

中路是府第的脊干。府第规模的大小，东西路诸建筑的安排，都取决于中路。中路诸建筑的功能是对外。为了显示府第主人的权势和财力，总是把中路诸建筑盖得高大一些，气势宏伟一些，装饰华丽一些。但同时又受到封建等级观念的束缚。爵位不同，建筑物的设计、用材（如屋面用材）、装饰（如彩画）等也都因之而异，不能逾制。中路的主要建筑有"三大殿"和寝殿。

"三大殿"包括：

前殿（《红楼梦》称"仪门"），是"三大殿"中体量最小的一栋。其作用相当于正殿的穿堂。启用正殿时，供送往迎来之用。平时则在此殿接待来府洽谈事务的一般客人。

正殿（《红楼梦》称"大厅"或"正厅"），是举行重大典礼，接待重要客人的地方。大宴宾客时，在此殿接待男宾。

正殿正中一间（明间），因装饰考究、陈设众多，通称："暖阁"。

后殿（《红楼梦》称"后厅"），因殿中需供有神佛，又称"神殿"。大宴宾客时接待女宾。

从"三大殿"的功能可以看出，它们是为府第主人洽谈日常事务，举行重大典礼和大宴宾客服务的。与府内其他建筑没有太多的联系。为了防止与府内其他建筑之间的相互干扰，通常把它们的四周用墙围隔起来，使成为一个相对独立的院子。有人把此院称为"三大殿院"。

"三大殿院"北面是"后寝院"。"后寝院"中的主要建筑是"寝殿"（《红楼梦》称"正堂"）。"寝殿"因地处府第深处，隐蔽安全。故珍贵物品、重要文牒多存放于此。接待至亲好友或商议机密，多在此殿中。为加强防卫，有时还在寝殿的前方再加一道屏门式的"禁门"（《红楼梦》称内塞门）。

中路最南面是府第的大门。但平常大门并不开启，故在大门东西两侧，另设东西角门。供府中人员出入。

由上可知，一座较为完整的府第，中路主要有：大门——"三大殿院"——"后寝院"。

大门与"三大殿院"中间的院子，称为"前院"。"三大殿院"与"后寝院"之间的院子，称为"后院"。

前院：前院是府第对外的交通枢纽，东西路的外院，均有穿堂门通前院。大门、东西穿堂门，合称"外三门"。

后院：后院是府第内部的交通枢纽。中路的"后寝院"，东西路的内院，均有门通后院，合称"内三门"。

如果"三大殿院"和"后寝院"均按两进计算，加上前院和后院，一座较为完整的府第需要六进。事实上，六进的府第并不多。有些府第取消了后殿；有些府第取消了"后寝院"，只保留一座"寝殿"。北京的恭王府，既取消了后殿，又取消了"后寝院"，变成一座只有四进的府第了。

2. 东、西路

东路和西路最南面的一进，通常用隔墙把它与其北诸进隔断开来，称为"外院"，有穿堂门通"前院"。

外院是住在该路的男主人日常生活、读书、会客的地方。设有"外书房"之类的建筑。

外院以里诸进称"内院"。内院才是女眷们居住和生活的场所。

为贯彻执行"内外有别""男女有别"的原则，连通内外院的穿堂门，就显得特别重要。不但迎门要挡上一架大屏风以隔断"外人"的视线，还要设专人值班以防止"外人"混入。因此门是除大门外另一设有专人值班的门，故俗称"二门"。

内院轴线上的主要建筑为正房、上房和后房。正房供女主人日常生活和迎亲会友之用，居住则多在上房。

若"正房"（或上房）东西两侧的耳房不止一间，与东、西厢房的间距又较大时，耳房与厢房北墙之间会形成一个小小的院子，俗称"回龙院"（《红楼梦》称荣禧堂东侧的"回龙院"为"东小院"）。进入"回龙院"的门称"回龙门"。

府第北面多设有后门，后门以里的院子称"后门院"。因"后门院"系下人用房，出入人员较为复杂，故不论设在东路还是西路，都必须另加隔墙与内院隔开。

若家中人口较多，住房不够时，正房、后房、耳房等，均可改作女眷用房。有的甚至连"后寝院"（《红楼梦》称"北院"）也可稍加改建，作为女眷用房。

3. 花园

不少府第带有花园，小者数亩，大者数十亩。多附于府第的西面和北面。东花园不多见。

综上所述，我画了一张带有典型意义的、六进的府第平面示意图。请看下图：

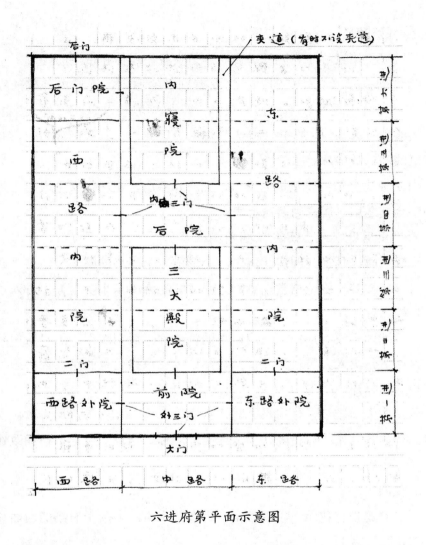

六进府第平面示意图

参考这张图来研究宁荣两府，就会感到有谱可依，方便多了。我根据这张图来剖析宁荣两府时，高兴地发现，原来它们都是相当典型的府第。

（二）府第使用方面的一般模式

我国封建礼教特别重视"男女有别"，反映到府第建筑上就成了"内外有别"。现在通行的政治用语"内外有别"，就是从府第建筑用语中假借过来的。

"内外有别"中的"内",指女人们活动的区域;"外",指男人们活动的区域。"内外有别"就是要把这两个部分严格地区分开来。

就府第内部来说,东、西路的内院属"内";中路,东、西路的外院属"外"。实际上,"内""外"之别要复杂得多。以中路而论,"三大殿院"偏"外","后寝院"偏"内";"三大殿"的前殿、正殿偏"外",后殿偏"内"。中路前、后两个院子,前院相当偏"外",后院相当偏"内"。

府第内这些不同属性的院子,在礼仪上有不同的要求。有的允许府外一般男性进入,如中路前院;有的有选择地允许部分府外男性进入,如"外院";有的原则上不允许府外男人进入,如中路的"后院"。由于府第内有了由"内"到"外"的各种不同属性的、过渡性的院子,从而大大拉开了"内"和"外"之间的距离。

用来连通各种不同属性院子的门,包括外三门、内三门、二门、前殿等,《红楼梦》都把它们统称为"仪门";其余的门则称为"角门",如通往夹道的门,大门两侧的门等。

《红楼梦》对各种不同性属的院子有精彩的描写,以第三回"黛玉进府"为例:

"……却不走正门,只进了西角门。那轿夫抬进去,走了一箭之地,将转弯时,便歇下退出去了。后面的婆子也都下了轿,赶上前来,另换了三四个衣帽周全,十七八岁小厮上来,复抬起轿子,众婆子步下尾围随,至一垂花门前落下。众小厮退出,众婆子上来打起轿帘,扶黛玉下轿。林黛玉扶着婆子的手,进了垂花门……"

对上面引文尚需稍做注释:

"不走正门,只进了西角门。"因正门平时关闭,出入走东西角门。东西角门又有"男左女右"之分,男主人出入走东角门,女眷出入走西角门。故黛玉"只进了西角门"。

"那轿夫抬进去，走了一箭之地，将转弯时，便歇下退出去了。"进西角门后是"前院"，"前院"相当偏"外"，故外面雇佣的轿夫可以进入。但他们不能去"外院"，故将转弯进入贾母院的"外院"时，需另换抬轿人。

"另换了三四个衣帽周全，十七八岁的小厮上来，复抬起轿子……至一垂花门前落下。"府内小厮们可以进入"外院"，但不能进"内院"。此处的垂花门，即分隔内、外的"二门"，故小厮们只能到此止步。

"林黛玉扶着婆子的手，进了垂花门。"垂花门（二门）以里是"内院"，"内院"是女眷们的天下。除至亲外，一般男性是不能进入的。

从西角门到贾母院的"二门"，不会超过八十米，竟如此费事，可见封建卫道士们已经把"男女有别""内外有别"的圣条，发展到何等荒唐的地步。

府第平面布局的一般模式和府第使用方面的一般模式构成一个有机整体。前者是为后者服务的。我国府第平面布置的基本格局之所以逾千年而不变，就因为它为封建等级观念、封建礼法观念服务得很好。透过每一座府第，我们似乎都能看到封建贵族们的思想、生活方式和精神状态。

了解上述府第建筑的一些基本模式后，就会发现《红楼梦》后四十回中的贾政大宴宾客一节，描叙得多么不合情理！按说，贾政大宴宾客，应该到"三大殿"去，"三大殿"不正是为大宴宾客而设置的吗？东路正院的荣禧堂，是王夫人生活起居之地，岂能容外面的男宾轻易进入？贾政竟在荣禧堂内宴请宾客，封建礼法观念容许他这样胡作非为吗？仅此一条，就可推知后四十回的作者不是曹雪芹，而是一位出身一般、没有府第生活经验的人。

近来一些电视剧的编导，似乎也忽略了这个问题。例如：赖大要把外面的情况禀报贾母，应通过二门传话。怎么可以直接出入内院，恍入无人之境？！茗烟要想进入大观园，也需通过二门，经值班人员允许后，在小丫鬟或老婆子的带领下才能入内。怎么能在园中随便和丫鬟调情？这样的事，在正常情况下，在男女界限分明的府第建筑内，是不可能发生的。

二、荣国府——一座典型的明清府第

曹雪芹笔下的荣国府，是不是一座府第？是不是也符合前面提到的府第建筑的一般模式？我们只要老老实实地按照书中的有关描述，把荣国府的平面复原示意图绘制出来就知道了。

在着手绘制荣国府平面复原示意图以前，想简单说一下宁国府。因为书中的宁国府，也是一座相当典型的府第。

《红楼梦》只讲述了宁国府的中路。中路轴线上主要建筑的排序是：

正门、仪门、大厅（暖阁）、后厅、内三门（内仪门）、内塞门、正堂。

这说明宁国府"三大殿"齐全，并带有以"正堂"为主体的"北院"——"后寝院"。

前面我绘制的六进带有典型意义的府第平面示意图上，中轴线上诸建筑的排序是：

大门、前殿、正殿明间（暖阁）、后殿、内三门之一的"后寝殿"门、禁门、寝殿。

两者对比说明：宁国府确实是一座六进的、带有典型意义的府第。

下面开始剖析宁国府。

要剖析荣国府并绘制出一张《荣国府平面复原示意图》，必须先校正书中的一个错字。这个错字错得太厉害了。由于它的存在，致使一些荣国府研究者得出了种种错误的结论。

《红楼梦》第三回写道：

"王夫人忙携黛玉从后房门由后廊往西，出了角门，是一条南北宽夹道。南边是倒座三间小小的抱厦厅，北边立着个粉油大影壁，后有一半大门，小小一所房室。王夫人笑道：'这是你凤姐姐的屋子。'"

文中"夹道"的"夹"字系"甬"字之误。理由有三：

1.府第的夹道均为南北向，都很窄，无"南北宽夹道"的说法。且夹道位于"路"与"路"之间，不可能"南北是倒座三间小小的抱厦厅，北边立着个粉油大影壁"。"甬道"则可具备以上这些特点。

2.王夫人沿正房后廊出东院，所到之地应是中路的"后院"。

按府第平面布局模式："后院"的南面是后殿，北面是"内寝院"。黛玉见院门前立个粉油大影壁。说明此时"内寝院"已改为女眷用房，立粉油影壁是为了防止外人窥视院内。后文将证明，荣国府没有"后厅"。三间小小的抱厦方也许是"后厅"的象征，倒座在正厅之后。故推知黛玉看见的是一条从正厅通往"后寝院"（"北院"）的宽甬道，不是宽夹道。

3.邢夫人被人称呼为"北院大太太"，说明她原住在荣府的"北院"（后寝院）。

王夫人向黛玉介绍说：凤姐住在影壁后面的院子。不难想象，原住在"北院"的邢夫人，因迎娶凤姐而把"北院"让了出来，自己搬进荣府的东院。人已走，名未亡。"北院大太太"之名，证明凤姐住的是"北院"。故其院门前只能是甬道，不可能是夹道。

校正"夹"字后，再来研究荣国府，很多问题都可以迎刃而解。

现分别将荣府中路、西路、东路、东花园轴线上诸建筑的排序，剖析介绍如下：

中路：

《红楼梦》五十三回，对荣府中路轴线上诸建筑介绍得相当清楚。书中说："一时来至荣府，也是大门、正厅，直开到底。"引文中的"底"字，指凤姐院前的大影壁。引文中用了个"也是"，参照书中前文，知大门、正厅之间，还有"仪门"（前殿）。书中接着说："如今（贾母）便不在暖阁下轿了。过了大厅（即正厅），变转弯向西，至贾母这边正厅上下轿。"

若是"三大殿"齐全的府第，只有穿越"后殿"后，才能转弯向西，进入西院。可贾母过了"大厅"便转弯向西，说明荣府没有"后厅"。宁府有"后厅"，荣府没有"后厅"。如果两府北院的进数相同。则宁府比荣府多一进。宁府若有六进，则荣府只有五进，比宁府少一进。

《红楼梦》还告诉我们，作为中路北院的凤姐院，除院门外，还有正房和后楼，计两进。这样，我们便可将荣府中路轴线上诸建筑的排序图画出来。如下：

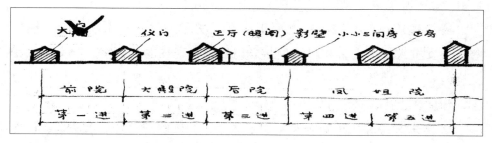

中路诸建筑排序图

西路：

西路是贾母院。前面谈到，黛玉进府时先到中路的"前院"，转弯向西进西路的"外院"，到一垂花门前，并谈到此垂花门即贾母院的"二门"。

因府第要分割为若干个不同属性的院子，故除路与路之间的平面隔墙外，还要增设一定数量的院与院之间的南北隔墙。如中路"北院"前边的隔墙，"三大殿院"的前后隔墙；东、西路的内、外院隔墙；以及"后门院"与内院之间的隔墙等。在这些隔墙中，以东西路，南北院之间的隔墙最为重要。

所谓"隔墙"，并不是简简单单地砌一道墙便完事，而是把隔墙与位于该处的建筑物有机地组合起来。例如：贾母院内外院的隔墙，就与垂花门、抄手游廊、穿堂、小小三间厅组合在一起；贾政院的内、外院隔墙与"向南大厅"组合在一起；"后门院"的隔墙与"倒厅"组合在一起，等等。中路诸隔墙虽可简单一些，但其高度、样式，仍需与其所依附的建筑物保持风格上的一致。

关于垂花门和垂花门以里的情况，书中如下介绍：

"（黛玉等）进了垂花门，两边的抄手游廊，当中是穿堂，当地放着一个紫檀架子大理石插屏，小小三间厅。厅后便是后面的正房大院。上面五间正房，皆雕梁画栋，两边穿山游廊厢房。"

屏风与影壁的功能相同，主要用来隔断"外人"视线。"当地放着一个紫檀架子大理石大插屏"，说明此处即连通内外院的"二门"。

"二门"以里，迎面是"雕梁画栋"的正房。

府第建筑东西两院中的主要用房有正房和上房。正房建造得华丽一些，供女主人接待宾客和日常生活之用，相当现在的起居室。卧室多设在上房内。《红楼梦》中有关的描写也能证明这一点。贾母虽在正房接见黛玉，却住在上房。请看下面的描写：

"宝玉只得替他（指袭人）去了簪环，看他躺下，自往上房来，同贾母吃饭毕……"（第二十四回）

"宝玉往上房去后，谁知黛玉走来，见宝玉不在房中，……也往上房来见贾母。"（第二十一回）

从书中后文得知，上房后面是贾府"后门院"。后门院内有"倒厅"，现称"倒座"，三面砌墙，仅北面有门窗。"倒座"兼有隔墙的功能。

根据上面的介绍，可知西路轴线上诸建筑的排序是：

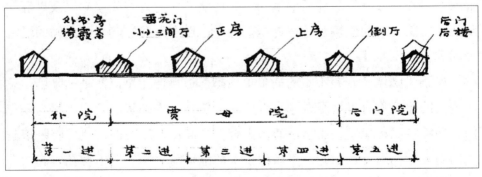

西路诸建筑排序图

东路：

东路归贾政和王夫人居住，其前半部的布置格局和西路基本相同，请看第三回：

"一时黛玉进了荣府。众嬷嬷引着，便往东转弯，穿过一个东西穿堂。向南大厅之后，仪门内大院落，上面五间正房，两边厢房，鹿顶耳房，钻山四通八达。轩昂壮丽，比贾母处不同。"

与贾母院的主要区别是"二门"（仪门）。贾母院的"二门"是带垂花门的"小小三间厅"，王夫人院的二门是北面带屏门的"向南大厅"。"向南大厅"的样式与"倒厅"相同，仅门窗设置的方向相反；同样兼有隔墙的功能。

引文没有谈及东路外院，但在《红楼梦》以后的叙述中做了补充，知道外院有大书房（梦坡斋）、账房等。

东路正房荣禧堂东西各有三间耳房。耳房与东西厢房的北墙围成了东、西小院（即东西回龙院）。王夫人住在东小院内。不言而喻，西小院住的是赵姨娘。东小院内有通往梨香院的角门。

据第七回介绍，荣禧堂后有"三间小抱厦厅"。按书中后文得知，此抱厦厅应是上房的一部分。迎春、探春、惜春住在李纨上房的抱厦厅内。

第三十四回明确提到了正房之后的上房，同时再次提到东小院：

"……宝玉遂进了角门，来到王夫人上房内，……王夫人在里间凉榻上睡着。金钏儿在旁捶腿，……（金钏儿对宝玉说）我倒告诉你个巧宗儿，你到东小院子里拿环哥儿同彩云去。"

闲闲一笔，给我们介绍了东院住房重新分配的情况。盖自大观园建成以后，正房出空，王夫人便搬进上房，把东小院让给日益长大的贾环，这也许是脂评所说的"不写之写"吧！

上房里的情况如何？书中第五十九回做了补充。说是王夫人"大房"之后，有供住在大观园里的姊妹们出入之门。后文将提到，大观园在荣府的北边。故谁知上房之后，还有"大房"。

若令王夫人院亦以后楼做结束，则东路轴线上诸建筑的排序图，画起来也不困难了。

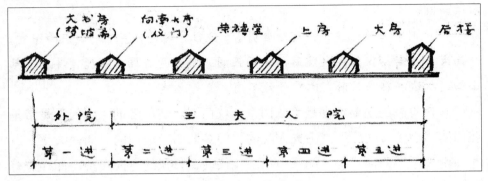

东路诸建筑排序图

东花园——贾赦院和梨香院

宁荣两府之后都有后花园，这是大家都知道的。贾雨村曾说：

"……街东是宁国府，街西是荣国府。两宅相连，竟将大半条街占了。大门前虽冷落无人，隔着围墙一望，里面后殿楼阁，也还都峥嵘轩峻。就是后一带花园子里面树木山石，也都有蓊蔚泅润之气。"

荣府除"后一带花园子"外，还有一座从后园隔断过来的"东花园"。不过"东花园"已经改为梨香院和贾赦院，不再是花园子了。

《红楼梦》第三回对原东花园的南半部——贾赦院做了如下介绍：

"（黛玉）出了西角门，往东进荣国府正门，便入一黑油大门中，至仪门前方下车。……进入院中。黛玉度其房屋院宇，必是荣府中花园隔断过来的。进入三层仪门（指三层檐子的仪门楼），果见正房厢庑游廊，皆悉小巧别致，不似方才那边轩峻壮丽。在院中随处之树木山石皆在。"

黛玉进院时，身在外书房的贾赦竟毫不知情，证明外书房在另一路，故知原东花园的宽度至少有两路。

贾赦院的北面（亦即荣府的东北角）是梨香院。书中写道：

"原来这梨香院是当年荣公暮年养静之所，小小巧巧，约有十余间房屋，前厅后舍俱全。另有一门通街。薛蟠家人就是从此门出入。西南有一角门，通一夹道，出夹道便是王夫人正房的东边了。"

梨香院和荣府之间有"夹道"，说明东花园与荣府之间，原是用夹道隔开的。

依上所述：贾赦院有大门、仪门、正房；梨香院有前厅、后舍。中间若再加一道隔墙，合计起来，又是五进，请看下图：

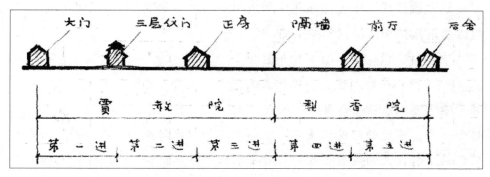

贾赦院和梨香院诸建筑排序图

新花厅与穿堂院

建造大观园时，荣府还盖了一座新花厅。花厅盖在什么地点，书中虽没有点明，但却可以从有关描述中推导出来。

1. 在荣府之北：后文将证明大观园在荣府之北。自大观园去新花厅，无须穿行荣府即其证明。

2. 在东路王夫人院之西：第四十三回，宝玉自大观园去花厅，需路过王夫人后院的穿堂门（宝玉在此穿堂门边碰见玉钏），故推知花厅在王夫人院之西。

3. 在西路后门院之东：书中第六回对后门院外的情况有详细介绍，知后门院外连着荣府的"西大院"——周瑞家的等下人们的住处。故新花厅不会占用这一片地区，更不会把大门堵死。

4. 与凤姐院相邻：第四十四回，凤姐自花厅回自己的"北院"，只需穿过一个穿堂院就可以了，故知新花厅在凤姐院的北边。

新花厅在东路之西，西路之东、中路之北，与凤姐相邻，并可直通大观园。有此四者，其位置便昭然若揭了。

把花厅盖在府第中轴线的最北边，从建筑布局的角度上看是比较合理的。不但符合府第建筑布局的对称原则，住在东、西两路的内眷们去花厅也比较方便。盖在别的地方便没有这些优点了。

这里顺便提一下连接新花厅和凤姐院的"穿堂院"。这个小小的穿堂院因贾瑞偷情和凤姐拷问丫头而出名。

书中对穿堂院做了如下的介绍：

"（贾瑞）盼到晚上，果然黑地里摸入荣府，趁掩门时，钻入穿堂，果见漆黑无人。往贾母那边去的门已倒锁，只有向东的门未关。……忽听咯噔一声，东边的门也倒关了。贾瑞急的也不敢则声，只得悄悄地出来。将门撼了撼，关的铁通一般。此时要求出去亦不能够。南北皆是大砖墙，要跳亦无攀援。……好容易盼到早晨，只见一个老婆子先将东门（误，应作'西门'）开了，进去叫西门（又误，应作'东门'）。贾瑞瞅她背着脸，一溜烟抱着肩跑了出来。幸而天色尚早，人都未起，从后门一径跑回家去。"

穿堂院西边的门通贾母院那边，东边的门通凤姐院，贾瑞能从后门院的后门跑回家。故推知此穿堂院夹在后门院与凤姐院之间。文中所说的"南北都是大砖墙"，其中北墙，显然指荣府的北围墙；南墙，指后门院或凤姐院厢房的北山墙。据此，便可大致确定穿堂院的具体位置。

穿堂院内的情况，第四十四回做了补充：

"凤姐越发疑心，忙和平儿进了穿堂，叫那小丫头子也进来。把槅扇关了，凤姐坐在小院子的台阶上，命那丫头子跪下……"

可见，院子里的穿堂既有槅扇，又有台阶。

两段引文，把穿堂院内外情况交代得都非常清楚，直可呼之欲出。

下面这张《荣国府平面复原示意图》，就是根据以上的分析绘制的。

图画好以后，我们拿它与《红楼梦》前八十回的有关描叙逐一对照，基本无误。

示意图清楚地告诉我们，荣国府也是一座相当典型的府第。

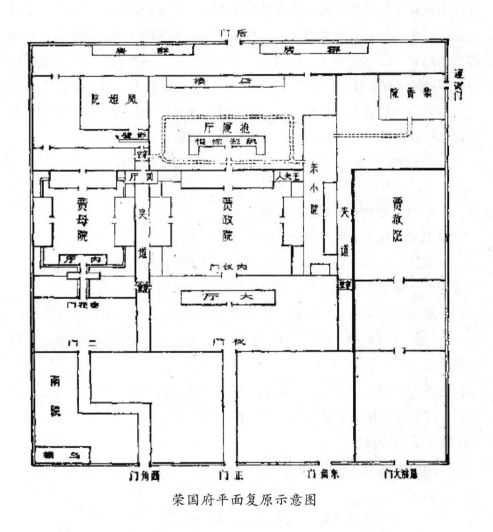

荣国府平面复原示意图

我之所以不厌其烦地介绍荣国府，主要想说明曹雪芹在府第建筑方面同样是一位大行家。

三、"大观园偏写在东"吗？——兼评"畸笏叟观点"

荣国府与大观园有着千丝万缕的联系。研究荣国府不研究大观园不行，不研究荣国府与大观园的相对位置不行。关于荣国府与大观园的相对位置，红学界一直存在着分歧。一种意见认为大观园在荣国府之东，由荣国府东园和宁国府西园（会芳园）拼合而成；另一种意见则认为大观园在宁荣两府的北边，由荣府后园和宁府后园（会芳园的北半部）拼合而成。

赞同前一种意见的人很多。已故的戴不凡先生和国外的赵岗先生即其中很有代表性的两位。他们的主要根据是一批脂评。如下：

1. 甲戌本第二回。贾雨村谈到宁荣两府时说："就是后面一花园子里……"；旁有脂评云：

"'后'字何不直用'西'字？！"

"恐先生坠泪，故不敢用'西'字。"

按照这条评语，论者每认为：现实生活中的荣国府原本有一座西园，作者因"恐先生坠泪"，方把它改写成后园。

2. 第三回：文中说到贾赦"院中随处之树木山石皆在"时，有评云：

"为大观园伏脉。试思'荣府园'今在西，后之大观园偏写在东，何不畏难若此？！"

这条评语可看成前一条评语的重复和补充。谓：曹雪芹为了塑造好大观园，克服种种困难，把原本在荣府西面的"荣府园"搬到了东边，然后与宁府的荟芳园拼成大观园。

3. 第十七至十八回还有如下两条评语：

一条是：

"……究竟基址不大，全是曲折掩映之巧可知。"

另一条是：

"……诸钗所居之处……都相隔不远，究竟只在一隅，然处置得巧妙，使人见其千丘万壑，可谓会心处不在乎远……"

　　这两条评语也是为前面两条评语服务的。评语的作者知道荣府之东、宁府之西的面积有限，不可能容纳下《红楼梦》中的大观园。故评语作者一再强调大观园"究竟基址不大"、"究竟只在一隅"，只是由于曹雪芹写作技巧的高明，才使我们误以为它是一座很大的园林。

　　把以上几条评语综合一下，意思是"荣国府"原在荣府之西，基址不大，曹雪芹为了写作上的需要，把它搬到了东边。我们不妨称这种想法为"西园东迁说"。

　　4.贾母住在荣府的西路，"荣府园"原本在荣府的西边，故居住在园中的"诸钗"们去贾母院，必须穿行梨香院（或贾赦院）、荣府的东路和中路，就不那么方便了。于是，脂评作者说：

　　"后文所云，进贾母卧房后的角门，是诸钗日相往来之境也。后文云又，诸钗所居之处只在西北一带，最近贾母卧室之后……"

　　又说：

　　"按园不是方殿之基，西北一带通贾母卧室之后，可知西北一带多宽出一带来。诸钗始便于行也。"

　　评语作者的意思是说，诸钗在园子里"西北一带"，故园子"西北一带多宽出一带来"，直通贾母卧室之后。这样，诸钗只要沿宽出来的一带来往于贾母院，就先须穿行贾赦院（或梨香院）和荣府了。

　　我根据以上四点，结合戴不凡先生《曹雪芹"拆迁改建"大观园》一文中所绘制的《大观园"拆改"前、后图》，重新画了一张《荣府"西园东迁说"示意图》，如下：

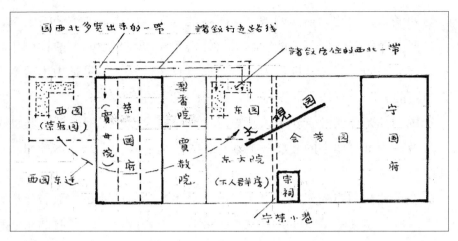

荣府"西园东迁说"示意图

上述几条脂评的作者提出"西园东迁说"不是为了帮助读者更好地了解曹雪芹笔下的大观园（后文将证明"西园东迁说"和曹雪芹笔下的大观园毫无共同之处），而是想证实现实生活中确有一座"荣国府"。

评语作者并未明确指出到底哪一座园是"荣府园"的艺术原型，好在戴不凡先生和赵岗先生做了补充。

戴不凡先生说："清清楚楚，这是曹雪芹把他人旧稿中原在南京的贾府西花园中景物，'搬迁'到自己新稿中'改造'成为大观园的痕迹。"

赵岗先生说得更为明确，他说："这个荣府西花园，也就是南京行宫西花园。现在已经改为大行宫小学。"

戴、赵两先生的意见是否与脂评作者的"西园东迁说"相符？脂评作者所说的"荣府园"是否即"南京行宫西花园"？

我从《红楼梦新证》上找来了《南京行宫图》，并将它与上面的《荣府西园东迁说示意图》进行了对比。对比证明，戴、赵两先生正确反映了脂评作者的观点。因为：第一，花园确在行宫的西边；第二，果然基址不大；第三，行宫西花园的"西北一带"有小房舍数幢，可供诸钗居住；第四，"西园东迁"后，在园西北宽出一带来以通往"行宫"西路，加强两处的联系，确有必要。

结论是，大观园取材于"南京行宫西花园"或"南京行宫西花园"是大观园的艺术原型。

但是，从《红楼梦》的有关描写中却得不出这样的结论。大观园有艺术原型，但不是"南京行宫西花园"，而是恭王府后的萃锦园、南京的随园和北京的长春园。这在前面已经做了详细的说明。

像这样从多座园林中取材塑造出来的大观园，只能出现于《红楼梦》中，出现于曹雪芹心中，现实生活中根本不存在什么"荣府园"。

为进一步辩驳由这几条评语所推导出来的"结论"，拟先查找一下这些评语的作者，看它们出自何人之手，是脂砚斋？还是畸笏叟？

上面诸脂评所阐述的是一个完整的思想或观点，评语中的用词为"诸钗""究竟"等均相同，可推知它们是同一作者的手笔。前引第一、第二条评语，据戴不凡先生考定，它们是曹雪芹的叔叔畸笏叟写的。由此及彼，余下几条评语的执笔人，也是畸笏叟无疑。为以后行文方便，我们把这些评语所反映出来的观点，称为"畸笏叟观点"。"畸笏叟观点"的实质内容是："荣府即曹府，'荣府园'即西园。"

我们不同意"西园东迁说"，也不同意据此而形成的"畸笏叟观点"。我们认为："畸笏叟观点"纯系畸笏叟个人的主观臆测，和曹雪芹笔下的荣国府、荣府园没有任何牵连。

这里，我打算对上述畸笏叟的几条评语逐一进行批驳。

1. 前引是第一条评语谓：现实生活中的荣府没有后园，但却有一座西园。

评语与《红楼梦》的有关描述不符：

《红楼梦》写得很清楚，说是贾府有一座"树木山石都有蓊蔚洇润之气"的后园，却从来没有一座西园。荣府东面倒是有一座从后园隔断过来的旧园，可它的北半部已经改为梨香院，南半部已经改为贾赦院了，可见荣府既无西园，也无东园，只有后园。

至于现实生活中的"荣府"有没有一座西园，比如说，南京行宫的西花园。前文已经谈到，大观园取材于萃锦园、随园和长春园，与行宫西园无关。

2. 前引第二条评语说：曹雪芹不畏困难，把原本是"荣府"的西园搬到荣府的东边，与荟芳园合并成大观园。

上已说明，荣国府没有西园，也就谈不上"西园东迁"的问题。

不过，我可以退让一步，承认确实有那么一座从西面搬迁过来的荣府东园。但也不可能与会芳园合并成大观园。

前面也谈到，荣府计五进，宁府计六进。综合荣府东园的进深与荣府相等，荟芳园的进深与宁府相等，也不过五六进。只有五六进深的大观园，如何能安排下省亲别墅、稻香村、怡红院这样一些大型景点？我们还可把这些大景点撇开不谈，单说会芳园中的一座小小的宗祠，就会使两园合并成为不可能。

书中介绍：宗祠不临街，故其祠堂门外至少要占去一进的空地。宗祠有大门、仪门、正殿、内仪门和正堂（正堂相当寝殿），少说也有三四进。以上合计四五进。五六进的东、西园之间，夹着一座四五进的贾氏宗祠，还怎么合并成一座大观园？

再退一步说，假定东西两园合并成功，变成了一座大观园。那么，荣府再没有东园了，宁府也没有会芳园了。可是，大观园建成以后，荣府的梨香院、贾赦院等，并没有受到太大的影响；宁府荟芳园中的天香楼、贾氏宗祠、丛绿堂，可能还有大门和仪门，也都完好如初。除了这些，哪里还能挤出地方来建造一座规模宏大的大观园？

可见，新建的大观园与荣府东园和宁府西园无关。

3. 前引三、四两条评语说：大观园"究竟基址不大"，"究竟只在一隅"，果真如此吗？

《红楼梦》说得很清楚、很肯定大观园有"三里半大"。明清的"三里半"，约合2016米（一营造尺按32厘米折算），大致等于现在的四华里。四华里墙垣围成的大观园，其面积约等于"北京大观园"的两倍、萃锦园的九倍。这样大的园，怎么能说它"究竟基址不大"、"究竟只在一隅"呢？

有人认为："三里半"是曹雪芹信手写成的不实之词，是作家的游戏笔墨，不能信以为真了。可事实并非如此！

"北京大观园"周长一千三四百米，面积逾十二公顷，已经很不少了。总体设计使设计仍感到面积不够用。设计人只好把榆荫堂、蔷薇院、芭蕉坞、玉皇庙、达摩庵、船坞等一大批景点舍弃掉。《大观园平面复原示意图》显示周长采用2016米，刚好能把"北京大观园"舍弃的景点补进去。这说明"三里半"是曹雪芹经反复权衡后定下来的相当准确的数据，丝毫没有夸大成分。

"三里半"没有夸大，东、西两园合并不可能，荣府既无东园，也无西园；上引四条评语全都落空了。

4. 最后引用的两条评语说：诸钗住在大观园的西北一带，还说：在西北一带多宽出一带来作为诸钗"日行往来之境"，以便她们去"贾母卧房后之角门"。这一说法是否也错了呢？

是的，又错了。

《从红楼世界开始》文对诸钗住处有详细介绍，认为：怡红院在大观园的"西南上"；潇湘馆离沁芳亭不远，在大观园的南边；沁芳溪从稻香村流向西南上，说明它坐落在大观园的东边；探春院、惜春院都紧邻稻香村，说明它们也在大观园的东边；故贾母从芦雪庵乘轿进惜春院的西夹道门。"东北山坳里"是花溆，紫菱洲、蘅芜苑都在花溆附近。自然也在大观园的东北部。你看，没有哪一座"诸钗住处"在"西北一带"的。评语说诸钗住在"西北一带"是经不起推敲的。

更奇怪的是：评语说大观园"西北一带"有通往贾母卧室的"宽出来的一带"。遍查《红楼梦》，也找不到有关"宽出来的一带"的任何描写。书中反复提到的是诸钗去贾母院时，都必须经过沁芳亭。沁芳亭在南大门附近，与"西北一带"毫不相干，这是大家都知道的。

再说，院子那么大，诸钗住得又那么散，她们从哪一条路都可以通向沁芳亭，通往贾母的卧室，何必要在西北多宽出一带来，再另建一条通往卧室的专用通道？若真有哪位设计师干出这样的傻事，那么，这位设计师不是外行，便是别有用心。

从上面分析可以看出，畸笏写的几条评语全错了，而且都错得很厉害。

评语作者畸笏叟不是曹雪芹的叔叔吗？他不是非常熟悉曹雪芹吗？怎么会犯这样大的、这样多的错误呢？细细想也并不感到意外。了解曹雪芹，并不等于了解曹雪芹心目中的大观园。畸笏叟在阅读《红楼梦》书稿时，发现书稿中偶尔也写到某些曹家旧事，便误以为《红楼梦》中的荣府写的是江南曹家，误以为书稿中的大观园写的是织造署西园（即南京行宫西花园）。在这一想法的支配下，并加上他对江南曹家固有的深厚感情，写评语时便全然不顾《红楼梦》正文，情不自禁地拿曹府去比附荣府，拿行宫西花园去比附"荣府园"，从而导致一系列错误。

畸笏叟评语的错误不仅表现在园林方面，其他方面也有。如误把元妃当"先姊"，误把元妃省亲当"康熙南巡"等。这些方面的评语，拟在另文中再详加评议。

通过分析后，我们应将前面对"畸笏观点"所下的定义做一点必要的修正，修正后的"畸笏叟观点"是："误把荣府当曹府，误把荣府园当西园。"

应该指出："畸笏叟观点"给《红楼梦》的研究工作带来了极坏的影响。例如，研究者们明明知道《红楼梦》中的荣府与曹家的情况不符，却不敢摆脱曹家，另辟新途；大观园的研究者们在绘制大观园复原图时，明知问题不少，却仍然把诸钗住处画在"西北一带"，研究《红楼梦》作者时，有人从"畸笏叟观点"出发，硬说《红楼梦》旧稿不是曹雪芹写的。甚至还有人根据"畸笏叟观点"，说曹雪芹是一位"虽有才华，但并不杰出的文人。"他们相信畸笏叟某几条评语超过《红楼梦》，相信畸笏叟超曹雪芹。这都得归罪于"畸笏叟观点"。因此，要想让《红楼梦》研究完全走上健康的发展道路，必须彻底批判"畸笏叟观点"并清除其影响。

探讨大观园与宁荣两府的相对位置也不能例外。在批驳了"畸笏叟观点"后，这个问题便变得非常简单了。因为大观园若不在宁、荣两府之间，就必然在宁、荣两府之后；就必然由荣府后园和宁府后园（会芳园的北半部）拼合而成。

是否还有反对意见呢？有的。《红楼梦》第十六回中有一段文字，常常被引用来作为东、西园合并成大观园的证明。该段文字是：

"先令匠人拆宁府会芳园的墙垣楼阁，直入荣府东大院中。荣府东面所有下人一带群房尽已拆去。当日宁荣二宅，虽有一小巷界断不通，然这小巷亦系私地，并非官道，故可以连属。"

书上说，拆除会芳园的墙垣楼阁，直入荣府东大院中。这不等于说大观园是荟芳园和荣府东园拼合成的吗？

这是很大的误解。之所以产生这样的误解，是因为我们头脑中有先入为主之见；是因为我们对传统府第建筑中的下人群房的平面布置不太了解。

例如文中说："直入荣府东大院中"，是自东往西直入东大院中？还是自北往南直入东大院中？书中没有说。如果我们先有了东、西园合并成大观园的印象，就会不自觉地理解为自东往西；反之，如果我们认为大观园是由宁荣两府的后园拼成的，那就会自然而然理解为自北往南了。

按传统，府第中下人们的住房，多沿府第东、西围墙而建，房子矮小进深不大。因下人群房一面靠墙，故出入门只能设在背墙的一面。引文中所说"宁荣小巷"，即下人群房所共同的通街小巷。故曰"亦系私地，并非官道"。可见，位于宁荣两府围墙之间，沿荣府围墙而建的、矮小而又进深不大的下人群房和宁荣小巷构成的"东大院"，必然是一个窄而长的院子。明乎此，我们也就不会把它想象成现在的大杂院或小街坊了。

在宁荣两府北面造园之所以要拆掉"东大院"中的下人群房，是因为大观园需要有一条供元妃省亲的通街大道。窄而长，位于宁荣两府围墙之间的"东大院"，刚好能满足这一需求。故在拆除荟芳园北半部墙垣楼阁的同时，还要自北往南把"东大院"中的下人群房一并拆掉。可见，把"直入荣府东大院中"理解为自东往西是没有错误的。

消除误解之后，上引的一段话便不能作为东、西两园合并成大观园的理由。

最后要补充一点：我们一再提到会芳园和会芳园北半部，也是言之有据的。《红楼梦》的读者应当不会忘记，会芳园除有天香楼、凝曦轩、登仙阁、丛绿堂等景点组成的繁华景区外，还有一片僻静景区。和繁华景区比较起来，这里要肃静得多。《红楼梦》对这片景区做了如下描绘：

"黄花满地，白柳横坡，小桥通若耶之溪，曲径接天台之路。石中清流激湍，篱落飘香；树头红叶翩翩，疏林如画。西风乍紧，初罢莺啼，暖日当暄，又添蛩语。遥望东南，建几处依山之榭，纵观西北，结三间临水之轩。笙簧盈耳，别有幽情，罗绮穿林，倍添韵致。"

"遥望""纵观"，言这片景区之大；"黄花""白柳""篱落""疏林"，言这片景区之荒凉。虽有山有水，景堪入画，但建筑物不过几处依山之榭和三间临水之轩而已。

当繁华景区大宴宾客，人们忙于看戏、打十番的时候，贾瑞却在僻静景区调戏凤姐。不同的情节、情调，使两个景区形成鲜明对比。

僻静景区像是一片待开垦的处女地，无疑是建造大观园的理想场所。

这片景区在会芳园的南边还是北边？第十六回中的一段话做了回答。书中说："从东边一带，借着东府里花园起，转至北边，……"可见，僻静景区在荟会芳园的北边，是会芳园的北半部，相当于宁府的后园。

清除掉"畸笏叟观点"的影响，并做了上叙补充说明后，可以确认：大观园在宁、荣两府之北，并带有一条通街大道。

四、荣国府与恭王府

周汝昌先生认为：北京的恭王府可能是荣国府的艺术原型。研究恭王府，就不能不对周先生的意见做出明确的回答。

我们的回答是：周先生的意见基本正确！

我们阅读了一些有关恭王府的文章后，认识到要想让恭王府与荣国府挂钩，必须首先证明恭王府的建造年代早于曹雪芹；还要证明恭王府当时的主人是谁？他与曹雪芹是什么样的关系。

现在有不少人认为恭王府是和珅建造的。若果真如此，曹雪芹在世时还没有恭王府。那么，恭王府与荣国府就不可能有任何关系了。

同样，如是果曹雪芹与恭王府主人没有任何交往，他就不可能把恭王府作为荣国府的艺术原型。

先谈第一个问题：

周汝昌先生在探寻恭王府的建造年代方面做了大量工作，找到了很多令人信服的证据。但是，周先生仅着重于查找文献资料，有一定的局限性。我们拟从建筑学的角度来探讨这个问题，以期弥补周先生的不足。限于水平，自忖难以达到预期目的，不妥之处，请读者和周先生指正。

认为恭王府始建于和珅的主要理由有三条：

第一条：和珅以后，恭王府的主人历历可考；和珅以前，却查找不到恭王府的主人。

第二条：嘉庆初，和珅被查抄议罪，罪状的第十三款是："昨将和珅家产查抄，所盖楠木房屋，僭侈逾制，隔断式样，皆仿宁寿宫制度。"

查证现恭王府西路北边，果有一座楠木房屋，隔断式样，一如罪状所言。

第三条：故宫博物院文献馆藏有两张《乾隆京城全图》，一张是乾隆十四五年绘制的；另一张是同光年间重摹的。前一张图上，现恭王府地段是一带民房，后一张图上，恭王府赫然纸上。论者认为：乾隆十四五年的图上未画恭王府，证明当时还没有恭王府。故恭王府是乾隆十四、十五年以后由和珅建造的。

除上面三条外，还有一些次要理由，因无妨大局，从略。

试逐条驳斥如下：

第一条：和珅以前恭王府主人不可考，并不等于恭王府不存在。其理甚明。清代初期，从前明接收过来的府第，统归内务府管理。恭王府属于此种类型，当然考证不出它的主人来。

第二条：罪状说和珅在恭王府内盖了一座楠木房屋，但未说恭王府也是和珅盖的。盖一座楠木房屋和盖一座恭王府是性质不同的两件事，绝不能混为一谈。和珅完全可以在恭王府内增建一座楠木房屋作为自己静养之所。故这条理由也不能成立。

第三条：两张不同的《乾隆京城全图》被认为是一条比较过硬的理由。表面看来，确是如此。但若对两张《乾隆京城全图》（下简称《全图》）细加考察，就会发现所谓过硬理由，亦不过尔尔。

我对比了同光年间重摹的《乾隆京城全图》的恭王府地段图与现恭王府实测图，发现前图上虽画了恭王府，但画得很不像样：中路轴线上几座建筑，尚相似，但比例不对头。如：进大门后第一进的院子较宽，进深较小，《全图》画反了；第三进的院子较窄，进深较大，《全图》又画反了。这证明做图人没有实测实量，而是参观完中路后，凭参观的印象绘制出来的。《全图》上，东西两路的建筑物布置，与现恭王府毫无共同之处。大约这两路系女眷用房，禁止外面的"臭男人"入内。故做图人无缘参观，便连印象也没有了。于是，他们便闭门造车，全凭自己的想象而任意挥毫。

据此，可推知做图人的心态是：

参观过的，有点印象，凭印象画；

没参观的，没有印象，凭想象画。

这便是《全图》画成目前这个样子的原因。

如果做图人有点府第建筑的常识，知道府第建筑由"路"和"进"构成。纵使没有参观东、西两路，也可参照中路的建筑布局，把这两路轴线上的建筑勾画出来，而绝不会乱画一气。

不仅如此，做图人的责任心似乎也很成问题。不然，也绝不会把他们想象中的东、西两路，通通都画成兵营式的平房。

我是否夸大了做图人的缺点？没有！请再看看这张《全图》，岂止恭王府东、西两路的建筑被画成兵营式的平房，除恭王府中路和王府中路外，几乎全部都画成了兵营式的平房。难道府第周围的民居不是三合院、四合院，而是图上所画的这个样子吗？恭王府东、西两路不让参观，难道民居也不让他们参观吗？

《全图》低劣的质量告诉我们，它的做图人是一批不懂建筑、工作又不怎么负责的人。有的府第他们参观了，凭印象画了；有的府第没有参观，或不允许他们参观，便凭想象把这些没有参观的府第，通通都画成兵营式的平房。这些府第也就从图纸上消失了。

据此，我们可以得出结论：乾隆十四五年的《全图》上没有的府第，并不是它们不存在，而是做图人没有进去参观，从而都变成了兵营式的平房。图上没有恭王府，并非因恭王府不存在，而是做图人没能进入府内参观而已。

故两张《乾隆京城全图》也不能作为恭王府始建于乾隆十五年以后的证据。

三条反证已辩驳完毕，下面提出我的正面证据：

1. 从楠木房屋所处的位置推测：恭王府是原来就有的。

楠木是一种非常珍贵的建筑用材，得来十分不易。如果恭王府是和珅所建，如何使用这批楠木，让它获得最佳的效果，将是和珅与设计师们不能不考虑的问题。按常识而论，府第中路轴线上的建筑物最重要，建筑的等级也最高。把楠木用在中路的正殿或寝殿，无疑是实现楠木价值的最佳方案。如恭王府的正殿或寝殿用楠木。

或谓：府第中路主要是对外，中路用楠木虽可显示府主人的权势，但有逾制之嫌，容易招致物议。果尔，也应该把楠木用在东路的正房或上房。因为按照传统说法：左重于右，东路重于西路。荣府东路正房荣禧堂就比西路的贾母正房好得多，正规得多。故把楠木用在东路是退而求其次的好方案。可楠木也没有用在东路。

现恭王府的楠木房屋盖在西路的北边，盖在府第中排位置最低的地方。如若整座府第是同时动工兴建的，如此使用楠木，岂不太反常了。

合理的解释是：和珅获得恭王府的居住权以后，见府中多数建筑尚好，只要稍加修缮即可。也许西路北端的建筑较差，不合和珅的心意，恰好此时和珅弄到一批楠木，便在这里盖了一座楠木房屋。楠木房屋选点不合常理，证明它是后来增建的。

2. 从"天香庭院"的平面布局看，恭王府也是原来就有的。

以楠木房屋为主体围成了一个独立的院子，曰"天香庭院"。"天香庭院"的前面，有带有"垂花门"游廊的隔墙一道。在一般的府第建筑中，像"天香庭院"这样的独立院子，是极为罕见的。

按府第通常的平面布局模式，东西两路的第一进为外院，以里为内院。内外院子之间设有带二门的隔墙。以里，便不再有带二门的独立院子了。"天香庭院"的平面布局完全违反了这一模式。

若整座恭王府都是和珅建造的，他决不会在西路"二门"以里再另设一个如此的"天香庭院"作为一个与府第其他建筑不协调的"府中之府"。

3. 以恭王府与罗王府的相对位置看，恭王府的建造年代要早于罗王府。

恭王府的东边紧邻罗王府。罗王府的轴线略向东斜，与恭王府轴线的交角约15度。从实测图可以看出：若罗王府的建造年代早于恭王府，那么，建造恭王府时，必须拆去罗王府的部分围墙，占罗王府的部分地用。

罗王府的主人罗卜藏多尔济，乾隆三十年晋爵为亲王，四十七年诏世袭罔替，以后一直受到乾隆的宠信。如果恭王府是和珅建造的，不管他在建府时的地位多高，权力多大，也是不敢去拆罗王府的围墙，占罗王府的用地的。

故推知恭王府的建造年代，或早于罗王府，或早于该府改作罗王府，这同样证明恭王府不是和珅建造的。

4. 从清时府第的管理体制看，和珅不会自己花钱盖一座恭王府。

清时的府第管理体制，类同于我国现行的房屋管理体制，统由国家包干。加官晋爵时，由皇帝赐府；获罪后撤府。故一般王公显贵的府第，今日虽荣华正好，将来尚不知谁属。在这样的情况下，谁肯花大量的钱财建造私第？纵有人敢于建造，也必被人传为笑柄。和珅岂能干这样的傻事？

俞同奎先生曾谓：恭王府系和珅子尚公主时的赐府。也证明恭王府不是和珅自己花钱建造的。

5. 从恭王府和恭王府后花园——萃锦园中某些建筑样式观察，也可证明恭王府不是和珅建造的。

陈从周先生观察恭王府后认为：府东侧的围墙、东路前厅的小五架梁，都是明代的建筑样式，不可能出自和珅之手。我在考察萃锦园的建筑以后认为，园中的垂青樾、绿天小隐等的建造年代，要早于蝠厅，是前明遗物。亦非和珅所建可知。

综上所述，我认为恭王府和萃锦园原是一座旧府、旧园。和珅只是在府内和园内进行了大规模的修正和扩建而已。

恭王府既非和珅所建，是原来就有的，那么，曹雪芹就有可能把它作为荣国府的艺术原型写进自己的小说。

再谈第二个问题：

谁是恭王府的主人，他家与曹雪芹有什么交往？

要证明和珅以前，谁曾一度是恭王府的主人比较困难。下面仅是我有待证实的初步设想。

据周汝昌先生介绍，在乾隆十四、五年绘制的《全图》上，既没有恭王府，也没有恭王府附近的郭郡王府和明珠遗府。当时，这两座府第确确实实存在的。

我发现，这两座府第有一个共同点，即雍正时它们都是归内务府管理的"空府"。其中，郭郡王府主人允祯（胤祯）于雍正二年获罪籍没；明珠遗府早在康熙二十七年就已经是"空府"了。那么，不见于《全图》的恭王府，是否也具备这一共同点，也是一座"空府"呢？府主人不可考是否也与此有关呢？

周汝昌先生谓：原恭王府的前身是明李广府。所列举的证明材料令人信服。入清以后，这样的大型府第，岂有不被清室没收之理？府主人不可考，恰好证明它与郭郡王府、明珠遗府一样，是一座没有主人的、归内务府管理的"空府"。

虽名为"空府"，但绝不会让它们真的"空着"。内务府将根据需要，临时派作其他用场。其中不排除作为某些权势人物的临时府邸的可能性。

清初法制极严，不经皇帝许可而占用"空府"可能会招致严厉的处罚。故一般的达官显贵是不敢以身试法的。按我估计，那些敢于占用"空府"的人，起码应具备以下一些条件：

1. 与内务府关系密切者；

2. 权势极大并受皇帝宠信者；

3. 胆大妄为者。

雍正一代，符合以上三个条件的，唯马齐兄弟一家。

马齐兄弟的祖父，当过内大臣、内务府总管，父亲和马齐本人，当过内务府总管，长兄马斯喀、三弟马武当过内大臣。可谓三代于斯，与内务府的关系，没有谁比"马家"更密切的了。

雍正继位后，"马家"的权势直线上升。继位之初，命马齐与允祥、允禩、隆科多四人总理事务，寻命袭一等男，封二等伯，并与年羹尧、隆科多同拜太保。雍正三年后，允禩、年羹尧、隆科多相继获罪，反而加封马齐为"他喇布敕番"。五年，雍正令四子弘历（乾隆）娶马齐四弟李荣保之女为妃（后晋封为皇后）。如此家庭，占用两三座"空府"是不会受到皇帝惩处的。

但马齐兄弟并非安分守己、循规蹈矩之人。康熙曾指出：地方官不向马齐"馈银币"，他便"遂尔辱詈"；李荣保则"妄尊自大，虚张气焰"。时人还有"二马（马齐、马武）吃尽天下草"的口谚。其行止可见一斑。

据资料，上叙三府之一的明珠遗府，确曾一度成为马家老四李荣保家的私邸。虽不能证明它是"赐府"，但从后来乾隆将此府赐给成亲王看，应属李荣保家强占之府。若系"赐府"，在没有抄家籍没的情况下，不可能将其住处封赐给成亲王，何况成亲王还是李荣保子傅恒的女婿？

李荣保家既然敢于占用明珠遗府，那么，比李荣保权势更大的马武家占用恭王府就不会使人感到意外。雍正四年，郭郡王府沦为"空府"，被长房马斯喀家乘机占用，也是很可能的。

参照《红楼梦》第二回，贾雨村说："……从他老宅前经过，街东的宁国府，街西是荣国府，二宅相连，竟将大半条街占了，大门前冷落无人。"既为宁、荣二公之府，门前岂能冷落无人？！脂评解释说："好！写出空宅。"说明宁荣两府的艺术原型，早先原是两座"空府"。

《红楼梦》称宁府（长房之府）为"东府"，称荣国府为"西府"。现也有人称郭郡王府为"东府"，恭王府为"西府"者。据此，可做如下推测：

原恭王"空府"（西府）——马武府——荣国府

郭郡王"空府"（东府）——长房马斯喀府——宁国府

不管设想也好，推测也好，我把雍正时的恭王府主人说成马武家，总还多少有些道理吧！

在《京华何处怡红院？》《黛玉葬花知何处？》两节中，我已经证明怡红院和怡红院后院（葬花区）分别取材于萃锦园的中路和西路，这说明曹雪芹非常熟悉萃锦园。熟悉萃锦园就意味着熟悉萃锦园主人。萃锦园是恭王府的后花园，萃锦园主人即恭王府主人。上文初步认定马武家是恭王府主人。那么，曹雪芹与马武家也许存在着某种未为人知的联系。

曹頫在上康熙帝的奏折中，称曹雪芹的母亲为"马氏"。"马氏"若是马武的女儿，这种联系就令人神往了。因为此说若能成立，曹雪芹便是马武的外孙。

要证明曹雪芹是马武的外孙，需要大量的证明材料，也需要辩驳各种反证。在另文中，将专门探讨这个问题，这里从略。

最后，还是谈谈荣国府是否取材于恭王府的问题。

我们拿恭王府实测图和《荣国府平面复原示意图》进行了对比。对比发现两座府存在着很大的差别。如，荣国府五进，恭王府只有四进；荣国府中路有后寝院（北院）；恭王府只有寝殿。荣国府西路北头有后门院，恭王府此处建了一座楠木房屋。至于建筑物的样式和细部处理，不同之处更多。似乎很难把两府等同起来。

是否因此而得出结论说：荣国府与恭王府无关呢？还不能！

我研究大观园时发现，大观园是曹雪芹从他所熟悉的几座园林（萃锦园、随园、长春园）中撷取他所喜爱的景物，按照自己的意愿组合成的一座新园林。同样，他完全可能从他所熟悉的多座府第中撷取素材重新塑造一座荣国府。在取材和重新塑造的过程中，还需进行必要的艺术加工，艺术加工也会带来差异。故简单的对比说明不了什么问题。

若舍弃简单的对比方法，就会发现荣国府和恭王府相同的地方还是很多的。如两府第一进和第二进的平面布置就相差不大；荣国府贾政院的一、二进，和恭王府西路一、二进的布局也十分相似。贾政院的荣禧堂和恭王府西路的葆光堂一样，两侧都带有回龙院，两府中路西路和东、西之间，都设有"夹道"；以及各路均以"后楼"作为结束（原恭王府的后楼是分开的），等等。

我既然可以把萃锦园、随园、长春园都称为大观园的艺术原型，那么，我同样可以把恭王府称为荣国府的艺术原型，起码可称为荣国府的艺术原型之一。

据此，我认为周汝昌先生的提法基本正确，即：恭王府很可能是荣国府艺术原型之一。

第七篇　试探曹雪芹的青少年时代

我在《萃锦园拾萃》和《荣国府——一座典型的明清府第》两部分内容中，曾谈到萃锦园的中路和西路，可能是怡红院和怡红院后院——葬花区的艺术院原型；萃锦园南面的恭王府，可能是荣国府的艺术原型。

我还推测说：雍正时，恭王府可能是清室权臣马武家的临时府第。鉴于曹雪芹如此熟悉萃锦园，我进而联想到：曹雪芹可能是马武的外孙。

不管是推测也好，联想也好，没有足够的证据，终究不过是一句空话。虽可以使我浮想联翩，却毫无实用价值。

在《曹雪芹是造园师吗？》一篇中曾谈道：为了探寻曹雪芹的职业，面对着矛盾重重的资料，正束手无策时，想到了胡适先生的"假设求证"法，并用这个方法找到了比较满意的答案。这里，我仍然打算运用这个方法，但愿能取得同样的结果。

一、"大胆的假设"：曹雪芹是马武的外孙

在阅读曹雪芹生平的有关资料时，得知曹寅的儿子曹颙于康熙四十八年到内务府当差。在康熙五十年冬，曹寅家报得孙。故推知曹颙结婚的时间，在康熙四十九年前后，地点在北京。

曹颙于康熙五十年四月引见，次年二月送父南归。可供康熙"差使"的时间仅十个月。在短短的十个月中，却赢得了康熙很高的评价。夸他

说："朕所使用的包衣子嗣中，尚无一人如他者，看起来生长得也很魁伟，拿起笔来也能写作，是个文武全才的人。"这说明曹頫聪明能干，文武全才，招人喜爱。如此未婚名门公子，无疑会成为他周围达官显贵们争相择婿的对象。这场择婿之争的获胜者，理应具有以下一些有利的条件：

1. 与曹家门第相当或胜过曹家者；

2. 与曹家有旧谊并在北京任职者；

3. 与内务府关系密切，且有一定权势者。

关于马武家的情况，《八旗满洲氏族通谱》和《清史稿》均有记载。我拿马武家中的一些情况与《红楼梦》中的荣府进行了对比，对比证明，两家的情况竟惊人的相似。以致一开始便令我对马武家"一见倾心"。请看下面的荣国府和马武家对比表：

荣国府和马武家对比表

家庭	荣国府	马武家
家庭成员	长子贾赦，袭世职，无其他职务。	长子萨喇，袭三等轻骑都尉，无其他职务。
	次子贾政，官工部员外郎。常年不在家中。贾府被抄后袭世职。	次子保祝，官古北口提督。任职外地，常年不在家中，萨喇去世后袭世职。
	孙辈三人：贾珠、贾琏、贾环。（宝玉是假，故未列入）。	孙辈三人：富永、赫成、富景。
	有孙女为皇妃，后晋封为贵妃。	有侄女为皇妃，后晋封为皇后（即孝贤纯皇后）。
生活习俗	据专家考证：荣府的生活习俗，均类同于旗人。	马武家是旗人。
重大殡、丧、喜庆典礼	素氏出殡，排场可比拟公侯。 元妃省亲，一派皇家景象。	雍正五年（或四年）马武出殡。其时"马家"正受雍正宠信，出殡的排场可想而知。

　　上表家庭成员栏内说："宝玉是假"，意思是说：现实生活中的"宝玉"——曹雪芹，是寄居"马府"的外甥，不能标成"马家"的正式成员。

　　曹雪芹是何时、何故、如何来到"马家"的？为什么要把自己写成"荣府"的主人？要搞清这个问题，需要回头来谈一下曹頫和"马氏"。

　　康熙五十三年，曹頫去世。其妻"马氏"及遗腹子曹雪芹留居江南。

小叔曹頫对待他们母子不够宽容。年幼的曹雪芹因偷听洋人宣讲圣经故事而招来一顿责打便证明了这一点。

雍正四年，马武去世，或许再加上"马氏"病逝之类的变故，曹雪芹的外祖母借机把孤苦无依的外孙接来北京是很有可能的。

曹雪芹的这段经历，会使我们很自然地联想到《红楼梦》中的林黛玉，林黛玉不是和曹雪芹一样，也是在困境中被外祖母接进京城的吗？于是，我便拿林黛玉的身世和曹雪芹进行了对比。请看下面的对比表：

林黛玉与曹雪芹身世对比表

	林黛玉	曹雪芹
1	独生女，原有一兄，三岁上亡故。	独生子，原有一兄，早天。
2	姑苏人	一说出生于苏州。
3	林如海，任扬州醛政多年	祖父曹寅，任扬州醛政多年。
4	其他"支庶不盛，子孙有限"，"无亲支嫡系"。	同
5	丧母后（继而丧父），由外祖母接来京城。	丧父后（或其母亦丧），可能由外祖母接来北京。
6	年底进京，时年十三岁（据已卯本）。	若雍正四年底（或五年初）进京，年十二三岁。
7	进贾府不久，又返回老家一次回家时由贾琏陪同。	雍正五年底曹家籍没，六年合家待罪"部中"。在此期间，曹雪芹或在赫成陪同下返回曹家一次。

按《红楼梦》有关描述推知，曹雪芹来北京的时间为雍正四年底的可能性更大。次年"逢五鬼"，故那和尚说："展眼已过十三载矣！"按现在通行说法，曹雪芹于雍正六年来京，已经十四岁了，至"逢五鬼"时，至少也有十五岁。与十三载不符。

　　我认为，《红楼梦》中所介绍的林黛玉的身世，暗隐曹雪芹本人的身世。曹雪芹之所以要这样写，也许他认为把自己写成贾府的主人，有利于《红楼梦》的创作，有利于把自己的爱憎更好地注入书中。当然，也不排除某舅父认他为义子的可能性。接下来的问题是，既然把自己写成了贾府的主人，在描写他与表姊妹们爱情纠葛时，就不得不变通处理。于是，曹雪芹便来了个"假作真时真亦假"，把与他有爱情纠葛的表姊妹们都写成贾府的亲戚，并进而把自己的身世，自己因寄居"马府"而产生的某些思想感情，连同自己进"马府"时的所见所闻及感受，全部转移到他所爱恋的某表妹的身上。

　　这也许是林、曹二人身世如此相似的真正原因。

　　如果把以上三则证明材料用较为肯定的语句加以概括的话，那就是：

　　"曹雪芹是清室权臣马武的外孙，十二三岁时由马母接来北京，《红楼梦》中所记叙的是马武家的故事。"

　　上面这句话，就是我的"大胆的假设"。下面开始求证。

二、求证

　　按红学界的习惯做法，证明材料可以来自《红楼梦》以外的资料，也可以来自《红楼梦》和脂评。《红楼梦》以外的资料我知道的有限，本文所引用的几则资料，差不多都是从周汝昌先生的《红楼梦新证》上抄下来的。《红楼梦》和脂评中可以用来作证的材料很多，这里只选录了其中的一部分。现整理如下：

　　曹雪芹的好友明琳，写过《题红楼梦》诗的明文，周汝昌先生认为他俩都是"马家"老四李荣保的孙子。《枣窗闲笔》的作者裕瑞是"马家"的外甥，故他能从"前辈姻戚"处打听到曹雪芹的外貌和善于谈吐的特征。这些都证明曹雪芹与"马家"的关系确实非比寻常。周先生认为曹、马两家有亲戚关系，此说诚是。

无名氏撰写的《曹雪芹先生传》中有言曰："纯庙时，某权相有鸿博之荐，先生力辞不应。"这句话与张宜泉诗"更调为羡青莲宠，苑召难忘立本羞"合看，可知确有其事。比曹雪芹小五六岁的傅恒（李荣保子），乾隆十四年名列大学生之首，可谓"权相"。若曹雪芹是马武的外孙，他便是曹雪芹的满舅。他向皇家某部门，甚至向乾隆本人推荐曹雪芹，都是完全可能的。不然，已沦为市井平民，恃才傲物而又耻事权贵的曹雪芹，何能结识"权相"？何能得到"权相"的"鸿博之荐"？

周汝昌和吴恩裕两先生都曾记叙下香山张永海老人从他家先辈那里听来的一些有关曹雪芹逸事的闻传。谓曹雪芹是皇室的内亲。据悉：清时只有皇后家的亲族才可称"皇室内亲"，嫔妃们的亲属都不行。曹雪芹仅凭嫁与平郡王为妃的姑妹，远不够"皇室内亲"的资格。它若是"马家"的外孙，皇后便是他的堂姊妹，再加上"宝玉"与"元妃""其情状有如母子"的关系，"皇室内亲"云云，便讲得过去了。

常州派学者宋翔凤尝言：

"曹雪芹《红楼梦》。高庙末年，和珅以呈上，然不知所指。高庙阅而然之。曰：'此盖明珠家作也。'后遂以此书为明珠家遗事。"

这是一条非常重要的资料。但必须将资料中"此盖明珠家作也"的中的"珠"字校改为"亮"字后，才能显现出它的史料价值。

我有校改这个字的足够理由：

1. 早在康熙二十七年，明珠家即已败落。雍乾两代，皇宫中又没有熟悉明珠家底细的嫔妃。故深居皇宫内苑的乾隆帝，不可能了解到明珠家的"闺事闺情"，也就不可能在看了《红楼梦》以后，把书中的荣府和明珠家联系起来，说出"此盖明珠家作也"这样的话来。

2. 在日常生活中，人们称呼某家、某家族时，常冠以该家、该家族中知名度最高者的姓名。如称呼"富察家"，雍正时可称为"马齐家"，乾隆早期可称为"皇后家"，稍后可称为"傅恒家"。高庙末年，"富察家"知名度最高的是"明亮"，故"明亮家"也可用来泛指"富察家"。

不过，此时离"富察家"的全盛期已经有五六十年，人们已经很难从"明亮家"三字联想到当年的"富察家"了。故在一般情况下，"明亮家"只表示明亮本人的家，最多也只能联想到"傅恒家"。但在某种特定场合，"明亮家"仍然可以用来泛指"皇后家"或"富察家"。

所谓特定场合，是指双方都深悉"明亮家"底细的场合。

"富察家"是乾隆的岳家。通过皇后，乾隆可以了解到很多"富察家"的"闺事闺情"，更何况"宝玉"与"元妃"的关系"其情状有如母子"。和珅是乾隆的亲家，与"富察家"有间接亲戚关系。加之出身于内务府，故也是"富察家"的知情人。"高庙末年"，和珅与明亮同朝为官（乾隆五十五年，明亮官刑部尚书），同是乾隆的宠臣，他二人之间的关系，应该是十分亲密的，起码也是十分熟悉的。在这样的情况下，当乾隆看了《红楼梦》以后，联想他所熟悉的"富察家"的"闺事闺情"，便告知和珅说："此盖明亮家作也。"《红楼梦》成书后在民间流传已久，和珅当然不会把乾隆所说的"明亮家"简单地理解为明亮本人的家，而会很自然地联想到"皇后家"或"富察家"。

乾隆不可能说"此盖明珠家作也"，却可能说"此盖明亮家作也"。这就是通过以上分析后所得出的较为合理的结论，也就是我们把"明珠家"校改为"明亮家"的主要理由。

3. 在特定场合下和珅所能理解的"明亮家"，在一般情况下，不知内情的文人学士们就未必能够理解了。在这些人看来，"明亮家"就是指明亮本人家。

明亮是一位武官，常年征战边廷，寓居外地，一生宦海沉浮，几起几落。并曾两次入狱待决。他家中的情况，和安富尊荣、歌舞升平的贾府比较起来，真有天壤之别。因此，当朝野的文人学士们得知乾隆把《红楼梦》中的荣府和"明亮家"相提并论的时候，他们很不理解，很不相信是可想而知的。他们会问：是乾隆搞错了？或是传话的人把乾隆的话传达错了？于是，便有人因"明亮家"而联想到"明珠家"，认为乾隆的原话是

"此盖明珠家作也。"也有人因明亮而联想到其叔傅恒，认为乾隆指的是"傅恒家"，在这些人心目中，似乎只有"明珠家"和"傅恒家"才会有贾府那样的排场气派，富贵荣华。

4. 宋翔凤谈话所反映的是"明珠家事说"一派的观点，乾隆的原话已经按照他们这一派的观点"校改"过了，他们"校改"错了的，理所当然地，我们要校改回来。

把"珠"字校改为"亮"字后，乾隆的谈话变得合情合理了。乾隆说的"明亮家"即"富察家"，乾隆的原意是：《红楼梦》何所指？盖"富察家"家作也。

此外，我还有下面两条相当过硬的旁证。

舒坤在评本《随园诗语》的评语中写道："乾隆五十五、六年间，见有抄本《红楼梦》书，或云指'明珠家'，或云指'傅恒家'。书中内有皇妃，外有王妃，则指忠勇公家为近是。"

舒坤的评语告诉我们：乾隆五十五、六年间（即高庙末年），北京的文人学士们忽然对"《红楼梦》何所指"发生了兴趣，而且一下子就冒出了两种完全不同的观点："或云指明珠家，或云指傅恒家。"奇怪的是，这两种观点都与"明珠家"三字有这样或那样的联系。如果乾隆说的是"明珠家"，那为什么会同时出现一个"傅恒家事说"呢？

乾隆的"阅而然之"，等于正面肯定了《红楼梦》。《红楼梦》之所以能在乾隆谈话后不久公开付梓，当归功于乾隆的"阅而然之"。不然，被正人君子们视为"有碍语"的《红楼梦》，何能如此迅速地广泛流传？应该说，乾隆是我国第一位红学家。是他，正确解决了《红楼梦》何所指的问题。同时，他又是《红楼梦》的一位大功臣，没有他的"阅而然之"，在正人君子们的围剿下，我们今天也许不知道《红楼梦》一书为何物了。不论是前者还是后者，都值得在红学史上大书一笔。

上面两条资料中提到的书名都是《红楼梦》，而不是八十回的《石头记》。舒坤还提到前八十回中所未谈及的"外有王妃"的内容。这就是说，乾隆五十五六年间（高庙末年）乾隆所看到的的和舒坤所提及的不是八十回的《石头记》而是百十回的《红楼梦》。当时的《红楼梦》是哪一种本子？为什么又消失了？殊不可解。另文中我将提及这个问题。

下面这条资料也是周汝昌先生搜集到的，重要性不在前面两条之下：

"……曹雪芹官内务府笔帖式，学问渊博，曾为明相邸中西宾。因有文无行，遂下逐客之令。"

"明相邸中西宾"，单从字面上是解释不通的。明亮于嘉庆十五年为相，史称"明相"。此时曹雪芹去世已经四十多年了。他当然不可能死而复生到明相邸中去充任西宾。故这里的"明相邸"，只能理解为明相祖辈们的府邸，即"马府"；"明相邸中西宾"，也只能相应地理解为明相祖辈们府邸中的"西宾"，即"马府"中的宾客了。你看，乾隆所说的"明亮家"，和这条资料中所说的"明相邸"，还是同一概念的两种不同的表述方式吗？互证之后，乾隆谈话（经我们校改过的）不是变得更加可信了吗？

曹雪芹寄居"马府"，资料中称他为"西宾"是不妥当的。后来林孝箕、胡寿萱等人说曹雪芹"依人左讨红莲幕"，"雪芹巢幕侯门"，当由"西宾"二字演化而来。观"宝玉"在"荣府"中的地位，何尝像位"西宾"？

资料中最后一句："因有文无行，遂下逐客之令。"引起了我极大的兴趣。这句话太重要了，它解决了我思想上长期存在的一些问题。

我常想，曹雪芹为什么要花半生精力，十年辛苦，写一部明知不能刊行而又为文人学士们所不齿的通俗小说？在《红楼梦》第一回中，为什么要加上那么长一段自怨自艾的独白？曹家籍没时，曹雪芹只有十三岁，对这次家庭巨变，他没有也不可能有任何责任。可在曹家被抄二三十年之后，他为什么仍然感到"我之罪国不负"呢？

"无行被逐"事件我们作出了满意的回答。

曹雪芹是因"无行"而被逐出"马府"的。所谓"无行"，自然使我们联想到《红楼梦》中宝玉的所作所为，其中既包括不容于封建礼法的爱情纠葛，也包括"在外流荡优伶，表赠私物；在家荒废学业，淫辱母婢"的放浪行为；以及"放浪形骸，杂优伶中，时演戏以为乐，为扬升庵所为者"之类的行为。我们更联想到，《红楼梦》前八十回中所预示的惊心动魄的爱情悲剧。正因曹雪芹有了这样一些不容于封建礼法的"叛逆"行为，正因曹雪芹可能被认为是这场爱情悲剧的罪魁祸首，才招致"遂下逐客之令"，才使他"愧则有余，悔又无益"地抱恨终身。

"无行被逐"彻底改变了曹雪芹的生活道路。无怪乎回首前尘，仿若一梦。故《红楼梦》说："曾历过一番幻梦。""红楼"，意喻豪门富户，这里可落实到"马府"，"红楼梦"，指曹雪芹在"马府"历过的幻梦般的经历。《红楼梦》中的一副对联："身后有余忘缩手，眼前无路想回头。"既是"愧则有余，悔又无益"的最好诠释，也是曹雪芹"翻过筋头"以后思想的真实写照。这些，都可作为"遂下逐客之令"的旁证。

曹雪芹撰写《红楼梦》这件事本身，也可作为"遂下逐客之令"的证明。"无行被逐"对曹雪芹的打击是巨大的，也是极不公正的。曹雪芹把这段不寻常的经历不加穿凿地"编述一集以告天下人"，知我罪我，一任"天下人"评说。《红楼梦》一开篇便写道："我之罪固不免，然闺阁中本是历历有人，万不可因我不肖，一并使其泯灭也。"这段话，真实地反映了曹雪芹立志写一部《红楼梦》时的心态。不然，以曹雪芹的才华，单凭诗画，就能够载誉于当时，留名于后世。可他宁愿摈弃这一切，而专心致志地写一部"怀金悼玉"的《红楼梦》。没有由衷的悔恨，没有对世俗习惯势力的愤懑激情，没有对在封建礼教束缚下的少女们不幸命运的深切同情，没有振撼人心的爱情悲剧所激起的抗争力量的推动，是根本不可能的。

因"无行"而被逐，很难取得人们的谅解，曹雪芹自己也深感内疚。不难想象，他是不愿向亲朋好友们透露这段"痛史"的。"马家"也会因为家丑不可外扬而严密封锁消息。袁枚搞不清他的家系，把曹雪芹当成是曹寅的儿子；敦敏搞不清他的经历，只知道他有一个"秦淮旧梦"而不知他更有一个"北京新梦"；敦诚既搞不清他的家系，也搞不清他的经历，说什么"雪芹曾随其先祖寅织造任"，并在此基础上虚构出一个"扬州旧梦"来。他甚至连曹雪芹的年龄都搞错了。《五庆堂曹氏宗谱》不载曹雪芹成人后之正名而载年幼时之小名（我认为"天佑"是曹雪芹年幼时的小名，取"老天保佑"之意。其父曹頫，小名"连生"，意谓"连生贵子"，可合看）。就连其叔畸笏，也因不知他在"马府"中的幻梦详情，"误把荣府当曹府，误把荣府园当西园"，致在评语中一再失误。其之所以出现这些反常现象，都可从"无行被逐"事情中找到合理的解释。这些不也可以反过来证明"无行被逐"并非浪语虚言吗？

如果上述三条资料中的"明珠家"、"傅恒家"、"明相邸"诸词，需要经过解释才能联系上"马家"。那么，下面这些资料，则明白无误地指出，《红楼梦》中的故事写的是"马家"家事。

第十六回中写到赵嬷嬷问说："咱们家也预备接咱们大小姐了？"在"大小姐"旁有侧评云："文忠公之嬷。"文忠公即傅恒。可见赵嬷嬷实有其人。在《红楼梦》中，她是贾琏的乳母，在现实生活中，她是"文忠公之嬷"。生活在"马府"的曹雪芹，当然对她很熟悉，故写来栩栩如生。这条评语的作者看了文稿以后，便能马上分辨出来，并指出："文忠公之嬷。"说明评语作者也熟悉"马府"，很可能是"马府"中人。

上面这条评语还告诉我们，书中的"大小姐"元妃也实有其人，即文忠公的姐姐，李荣保的女儿，乾隆登基后晋封为皇后的孝贤纯皇后。

能否把孝贤纯皇后看成元妃的生活原型呢？能！只要拿《红楼梦》的元妃与现实生活中的孝贤纯皇后比较一下就可以了。看清下面的对比表：

元妃与孝贤纯皇后对比表

	元妃	孝贤纯皇后
1	比宝玉大一岁，"其情状有如母子。"	比曹雪芹大三岁，曹雪芹姨母。
2	晋封后，"贾政等人又东宫去了。"	弘历住在东宫。
3	"二十年来辨是非，榴花开处照宫闱。"	雍正五年入宫，乾隆十三年春三月去世，合廿二年。
4	"望家乡路远山高，故向爹娘梦里相寻告。"	死于南巡途中。
5	"虎兔相逢大梦归。"	乾隆十三年属龙，十二年属兔。十三年春三月可说成是"龙兔相逢"。讳"龙"字，提前一年，该作"虎兔相逢"。

上表再次证明，元妃的生活原型果然取材于"马家"的"大小姐"，《红楼梦》果然取材于"马家"。

前文谈到，在"大小姐"三字旁加侧评的人很可能是"马府"中人，那会是谁呢？

我们知道，《红楼梦》有两位大评家，一位是脂砚斋，一位是畸笏。已故戴不凡先生研究脂评后指出：畸笏即曹雪芹的叔父曹頫。脂砚何人？红学界一直未做定论。上面这条侧评是畸笏写的吗？不可能！因为畸笏是在曹府长大的，不可能如此熟悉马家的"文忠公之嬷"。故推知此评的作者必脂砚无疑。就是说，脂砚很可能是"马府"中人。

我们可以找到下面一条重要的旁证。

第五十四回前的一首评语作者的"自报家门"诗证实了这一点。现将该诗及诗序抄录如下：

"祭宗祠，开夜宴，一番铺叙，隐后文无限文字。

浩荡宏恩，恒古所无。母孀，兄死无依。变故累遭，生不逢辰。回首令人肠断心摧。

"积德如今到子孙，都中旺族首吾门。

可怜立业英雄辈，遗脉熟知祖父恩。"

诗作者自称"都中旺族首吾门"，谁家配得上这样的称号？

曹家吗？不行！曹家"支庶不旺""子孙有限""无亲支嫡系"，且家道日落，抄家后待罪都中，何敢自称"都中旺族"之首？故知诗作者不是曹雪芹，不是曹家成员畸笏，也不是曹家的某弟棠村。

"马家"的情况便不同了。马齐辈兄弟四人，子侄辈二十六人，多在朝为官。雍正一代，权倾朝野。加之"内有皇妃""外有王妃"。除皇族外，是地地道道的"都中旺族首吾门"。

故知诗作者脂砚是"都中旺族""马府"的成员。"马府"成员脂砚可写的评语如："凤姐点戏，脂砚执笔。"当然指的是"马府"之人，说的是"马府"之事。这不也证明《红楼梦》中可记叙的是"马府"的故事吗？

脂砚的自报家门诗和诗序告诉我们的远不止这些。诗序中说："母孀，兄死无依。"显系女性口吻。若是男性，兄虽死，可以自立，不会有无依之感。诗序中所说的祭宗祠的时间，应是"黛玉"进府以后，"宝玉"未成年以前。结合曹雪芹的年龄推算，合雍正六七年。诗中所说的"立业英雄辈"，当指马齐四兄弟无疑。脂砚看了"祭宗祠"的文稿后，联想到自己的祖父——马齐四兄弟之一。据此可推知脂砚与曹雪芹同辈。

那么，她的祖父可能是谁呢？

我从众多脂砚写的评语中推知，她不是黛玉、宝钗的生活原型，但却是"凤姐点戏，脂砚执笔"的执笔人；也是一位"梦中之人"。如果我们同意周汝昌先生的意见，脂砚即《红楼梦》中的史湘云，那么，她的祖父就比较好找了。

第一，湘云和黛玉不同，虽经常来荣府，但不住在荣府，非荣府成员，故知不是马武的孙女。

第二，脂砚在一条评语中说："余则将欲补出'枕霞阁'中十二钗来，岂不又添一部新书？"说明她家中人口众多。长房马斯喀只有两个儿子，似难凑出十二钗之数，况书中的宁府取材于马斯喀家，故知脂砚的祖父也不是马斯喀。

第三，曹雪芹的好友明琳，有幸阅读《红楼梦》手抄本并赋诗题咏的明义，都是李荣保的孙子。他们与曹雪芹这种不太一般的关系，或与脂砚是李荣保的孙女有关，更不要说李荣保子"权相"傅恒对曹雪芹的"鸿博之荐"了。

据此，脂砚的家世和经历便可大致确定下来。她是李荣保的孙女，是曹雪芹在"马府"结识的一位堂表妹。青少年时，她像史湘云一样是位侯门小姐，后来有过一段"变故累遭，生不逢辰"的坎坷经历。至于她与曹雪芹的关系如何？是否如周汝昌先生所说即曹雪芹的"新妇"，拟另文详议。

第十六回，皇上宣贾政等人入宫陛见，贾母合家人等皆惶惶不安，书中写道："贾母合家人等，心中皆惶惶不安，不住的使人来往报信，有两个时辰工夫。"

这段文字再次证明《红楼梦》写的是"马家"。因为这种家主入宫陛见，合家惶惶不安的心态，不可能出现在远离北京的江南曹家。"马家"却有切身体会。康熙四十八年正月，上集廷且问："主立胤祀事，熟为倡导者？"对曰："先闻之马齐。"上切责之。次日，列马齐罪状。廷议马齐处斩；马武、李荣保坐罪有差。尽夺其族人入宫。上不忍，宥死拘禁。继查其诬，释之。同年二月，命马齐管俄罗斯贸易事。康熙四十九年，李荣保、马武皆复起。寻命马齐署内务府总管。只有经历过如此变数的"马家"，才会出现像《红楼梦》中所描写的那样的动人心魄的场面。

《红楼梦》写了南北甄、贾两府。我已经拿京城的贾府和"马府"进行了对比。对比证明：《红楼梦》中的荣府很可能取材于马武家。这里，我拟拿金陵甄府和南京曹府进行对比，看甄府是不是取材于曹家。对比表见下：

甄府与曹府对比表

	甄府	曹府
1	地点：金陵	同
2	富而好礼之家。	同
3	曾四次接驾。	同
4	"抄没了家产，回京治罪。"	同
5	和宝玉长相、脾气、秉性完全一样的甄宝玉，是甄老太太的爱孙。	在曹府时的曹雪芹是曹老太太的爱孙。
6	与贾府有银钱往来，曾收存贾府五万两银子。	与"马府"有银钱往来。据曹寅家人吴老汉供出，马齐家欠银七千六百多两。

不出所料，《红楼梦》的甄府，果然取材于曹家。

甄、贾两府的对比表给我们以启示，使我们理解到：

甄府：真正的曹府，

贾府：假的曹府，外祖父府；

甄母：真正的祖母，

贾母：假的祖母，外祖母；

甄宝玉：真正的曹雪芹，曹家的曹雪芹，

贾宝玉：假的曹雪芹，外祖父家的曹雪芹。

以上的"真""假"二字所做的注释，赋予"假作真时真亦假"一句以全新的含义。

深知内情的脂砚，就曾一针见血地指出："兄写贾宝玉之人，则为真宝玉传影。"何谓"真宝玉"？真宝玉就是真正的曹雪芹，曹家的曹雪芹。

前文曾说：《红楼梦》中所记叙的是马武家的故事。严格地说，尚不够准确。较为准确的说法应该是：前八十回中的故事，主要取材于"马家"，后三十回中的故事，主要取材于曹家。因为"马家"没有被抄家，没有落到"白茫茫大地真干净"的地步。下面几条脂评可以为这一说法作证。

第七十一回有脂评云："盖真事欲显，假事将尽。"按前面我们对"真""假"二字所做的新解释。"真事"，曹家之事；"假事"，"马家"之事。这句评语的意思是说："'马家'的事快写完了，要开始写曹家的事了。"联系七十一回以后的故事如：王夫人遣散芳官等人，贾母中秋夜宴等，或情节跌宕，或意境凄清，均可能取材于曹家。

第七十四回当探春言及抄家事时，脂评特意点明："此系甄家事！"意谓："此系曹家事！"

第二回有脂评云："甄家之宝玉，乃上半部不写者。"意思是说："上半部（前八十回）没有写真正的曹雪芹，曹家的曹雪芹。"提示下半部（后三十回）要转而写真正的曹雪芹，曹家的曹雪芹了。

下半部（后三十回）到底怎样写真正的曹雪芹，曹家的曹雪芹？因文稿"迷失"，无从查考。不过，通过某些脂评得知，后三十回既写了甄宝玉，又写了贾宝玉。这两位"曹家的曹雪芹"，如何以不同的形象再现于书中，倒是一个非常有趣的问题。兴之所至，我想在这里做一个简单的猜想：

我认为后三十回中的甄宝玉，是写现实生活中的曹雪芹，真正的曹雪芹，曹家的曹雪芹。贾宝玉的形象则借以反映曹雪芹的某种矛盾的思想。这种思想既有向封建世俗势力妥协的一面（如与宝钗完婚），又有敢于"悬崖撒手"的一面。它代表着曹雪芹本来可以选择的另一条使自己不悔不愧的生活道路，一条曹雪芹所不愿和不敢选择的生活道路。这一矛盾的思想，正是使得曹雪芹痛苦、悔恨一生的根源。为了使这一思想形象化，曹雪芹将它与自己离开"马府"后的某些生活经历（其中也可能有曹府的某些经历）结合起来，塑造了后三十回中的贾宝玉。两位宝玉可走的生活道路不同，但最后的结局是相同的，都是"自己悟空"。就是说：世事兴衰荣枯，命运升降沉浮，终究不过南柯一梦；不论自己走甄宝玉或是走贾宝玉的道路，不论是"山中高士"或是"世外仙姝"，到头来都是"太虚幻镜"之梦里的人物。既然如此，何必要为自己曾走过的生活道路而痛苦，而悔恨呢？

曹雪芹的思想，便从这里得到净化，得到升华，得到解脱！从而形成了他晚年的消极出世思想。

京剧《徐九经升官记》就采用了类似的手法。徐九经在审理某案件时，矛盾的思想化为两位"徐九经"出现在舞台上。通过这两个不同的艺术形象，使我们更深刻、更全面地了解了徐九经的复杂性格。参照此剧，通过后三十回中的故事，我们也许能更深刻，更全面地了解现实生活中的曹雪芹的复杂性。

我们估计，后三十回中的故事将包括：

甄宝玉（现实生活中的曹雪芹）：与湘云结缡，困顿以终。

贾宝玉（曹雪芹某种矛盾的思想的化身），与宝钗完婚，悬崖撒手。

结局：甄、贾宝玉既证之后，到了"不虚幻境"，甄、贾宝玉合一，"钗、黛合一"。

《红楼梦》中某些细节描写，也常使人感到迷惑不解。例如：最痛爱宝玉的是贾母而不是贾政夫妻。宝玉迁居大观园时，王夫人竟然没有给这位唯一的儿子派去一位体己的丫环。抄检大观园以前，也不知道宝玉身边有位"妖精"般的晴雯。她的心思用到哪里了？贾政表面上对宝玉像是很严，实际上并不真正关心他的成长。从他两人身上，看不出对宝玉有多少亲子之情。贾环也不像是宝玉的亲兄弟，更不要说贾赦和邢夫人了。宝玉只有在贾母跟前，在贾母宠信的人中间，才像是贾府的主人。余外的人，敷衍的多，关心的少。这类描写，虽不太明显，但仍然能使人感到他更像是贾母的外孙。

以上我们共搜集了十多条证明材料，这些材料都证明《红楼梦》写的是"马家"家事。这么多材料证明的是同一个问题，总不能说它们都是偶然的巧合吧！

证明材料不可能全是巧合。因此，本文一开始就提出的"曹雪芹"是写武的外孙"的假设"应该说是相当正确的。

三、反证

仅列举证明材料而不批驳反证是不行的。这样得来的结论，犹如暗房中培育出的花朵，是经不起风吹雨打的。因而很容易被这样或那样的反证驳倒。在《红楼梦》研究中，这样的例子太多了。常言说："真的假不了，假的真不了。"假如结论正确，就不怕反证。反证也有两面性。有时看起来像是很过硬的反证，只要细加分析，就一定能找出它的破绽来。有时甚至能转化为难得的证明材料。若结论错了，证明材料再多也无济于事，因为它们早晚都要被驳倒，都要转化到反面去。客观真实的检验是无情的！

下面是我想到的几条反证。

反证之一：

有两条脂评：称元妃为"先姊"，谓"省亲"写南巡。可见《红楼梦》中的故事取材于曹家。

在所有反证中，最过硬的恐怕要算这两条评语了。

先看看这两条评语的作者是谁？正如红学家们所公认的那样，评语中的"先姊"指曹寅长女平郡王妃。称平郡王妃为"先姊"的人，见到过康熙南巡的人，只能是曹雪芹的叔父畸笏，而不可能是"马府"的成员脂砚。

对畸笏的评语，我是有看法的。我在《荣国府——一座典型的明清府第》一节中，用了不少篇幅来研究畸笏的评语。我认为：畸笏针对大观园写的几条评语全错了，而且错得很厉害。其原因，在于他不了解曹雪芹的心目中的大观园，不了解曹雪芹在"马府"中的幻梦详情。因此，畸笏总竭力于用曹府去比附"荣府"，用曹府西园去比附"荣府园"。我把畸笏这种"误把荣府当曹府，误把荣府园当西园"的现实，称为"畸笏观点"。

作为过硬反证的这两条畸笏的评语，是"畸笏现实"的典型反映。

一条评语是："借写亲写南巡，出脱多少忆昔戚今？！"

对这条评语中的错误，专家们已经批驳得够多了。这里只要引用周汝昌先生说过的一段话就可以了。周先生说：

"书中所写场面，与康熙南巡驻织造署的场面仪注，无一毫相似之处。二者实如风马牛不相及，绝不能借以写过巡往事。"

畸笏把风马牛不相及的两件事硬拉扭在一起。无非想告诉读者，荣府即曹家。

另一条评语是："俺先姊先逝太早，不然，余何为废人耶？"

畸笏把《红楼梦》中的元妃当成自己的"先姊"，当成曹寅的长女平郡王妃，是一点根据也没有的。

我们从《红楼梦》中看到的元妃省亲时的场面，看到元妃和贾政等人的对话，都是地道的皇家气派。且《红楼梦》中只在省亲一回写到了皇家气派的元妃，没有写非皇家气派的元妃。

我们不知道平郡王妃是否省过亲，纵然省过亲，其排场也不过几辆马车，几顶轿子，对话时也不过请安问好，说些家常话，哪会为此兴师动众？

可畸笏又认为省亲写的是康熙过巡，这又令人不懂了。元妃变成了南巡的主角，岂不成了一个虚构的艺术形象了。怎么能拿一个虚构的艺术形象，一个皇家气派的艺术形象来和自己的"先姊"相比，甚至等同起来呢？

评语还暗示：若"先姊"尚在，畸笏便不致沦为"废人"，显然夸大其词。曹家被抄，决策出自雍正，纵有位平郡王妃肯帮忙，能起得了多大的作用？

畸笏为了推销他的"畸笏现象"，大概早已想入非非了。

畸笏还把《红楼梦》中某些故事说成是"西堂"故事。对此我们也不敢全部相信。因为它多少有点"畸笏观点"的味道，因为这些故事在"西堂"发生过，但在"马府"也可以照样发生，只是畸笏不知道罢了。

当然，并不是说，《红楼梦》中不包括曹家的故事。作为一位作家，曹雪芹必然从他所熟悉的各种人和事中撷取创作素材，其中也包括从曹家撷取创作素材。书中宝玉乳母李嬷嬷的形象就可能取材于曹家。乾隆十三年，曹雪芹南下江宁为袁枚擘画随园（详《曹雪芹先生传》），其间可能走访了自己当年的乳母。时过境迁，"李嬷嬷"已经"皤然老妪"了。曹雪芹还是把她的形象，如实地记入书中。不然，十二三岁的宝玉，怎么会有一位挂着"拐棍子"，系着"擦眼泪手帕子"，颠三倒四，看上去像是六十来岁的老乳母呢！

正如"坏事可以变成好事"一样，畸笏的错误评语也有好的一面。两条评语告诉我们；畸笏确实不知道曹雪芹在"马家"的幻梦详情，确实不知道《红楼梦》主要取材于"马家"，确认这一点，对研究脂评，确定某些署名评语的执笔人是大有好处的。如：

"知眼泪还债，大都作者一人耳。余亦知此事，但不能说出。"

"眼泪还债"之说，事涉"马府"细事，"不能说出"，"闺情"不可外扬也。评语作者当是在"马府"生活过的脂砚。畸笏是写不出这样的评语来的。

又如：第五回宝玉梦游太虚幻境，当被夜叉拖入迷津时，甲戌本有评云：

"此梦文情固佳，然必用秦氏引梦，又用秦氏出梦，竟不知立意何属？惟批书人知之。"

《红楼梦》塑造一位既像宝钗又像黛玉，且梦中与宝玉有非寻常关系的秦可卿，究竟"立意"何属？事涉"马府"隐私，如之者只有雪芹和脂砚[可能还有常棠村、梅溪和松斋。他三人恰恰在此处写上了各自唯一的一条评语]，故知不是曹府成员畸笏之批。畸笏确曾建议删去"秦可卿淫丧天香楼"一节，但那是因为可卿"魂托凤姐"，使畸笏对她产生了好感。与曹雪芹的"立意"无关。

再如下面这两条评语：

"'后'字何不直用西字？"

"恐先生堕泪，故不敢用'西'。"

前面的问，表明提问人把荣、宁两府的后园当成了江宁织造署的西园。典型的"畸笏观点"！

后面无疑是脂砚的回答。

脂砚当然知道书中写的是"后园"，不是"西园"，是畸笏领会错了。可她明知畸笏不对，却不以实情告之，而偏偏搪塞说："恐先生堕泪。"这一问一答，把畸笏的糊涂，脂砚的精明，以及他二人间的那种若即若离的微妙关系，表现得淋漓尽致！

上面这些例子告诉我们，畸笏不但不了解曹雪芹在"马府"的幻梦详情，也不了解曹雪芹撰写《红楼梦》的"立意"。对这两者都不了解的人，怎么可能协助曹雪芹撰写《红楼梦》？故推知协助曹雪芹撰写《红楼梦》的，是脂砚，不是畸笏。

由此可见，畸笏的"误把元妃当先姊，误把省亲当南巡"的观点，在这里不但不是反证，反而成为研究《红楼梦》和脂评的不可多得的好材料。

反证之二：

敦诚诗："四十年华付杳暝。"证明曹雪芹只活了四十岁。按此年龄推算，曹雪芹不可能是曹頫儿子，"马家"也不可能是曹雪芹的外祖父家。

曹雪芹"四十年华"而卒，还是如张宜泉所说，"年未五十而卒"，这是红学界争论了很久仍未解决的问题。我不想，也不敢涉及这个问题。

我只想说：敦诚的"四十年华说"可靠吗？值得如此相信吗？如果他的话值得相信，那他为什么说"雪芹随其先祖寅织造之任"呢？为什么又说曹雪芹有个"扬州旧梦"呢？难道这些话也相信吗？敦诚对曹雪芹家系和经历的了解，并不比袁枚高明。为什么不少人对袁枚的"余之随园说"嗤之以鼻，而对敦诚的"四十年华说"如此钟情呢？

敦诚的"四十年华说"和本文通过"假设求证"法所得出来的结论是矛盾的对立的。"四十年华说"固可用来作为前叙结论的反证，但也可用前叙结论来反证"四十年华说"。谁证倒谁，尚不敢做结论。这要看谁拥有更多、更过硬的证据。迄今为止，"四十年华说"可提供的证据虽然很过硬，但少得可怜，就敦诚那么一句诗。因此，"四十年华说"不能作为前叙结论过硬反证。

反证之三：

《五庆堂曹氏宗谱》载："天佑，颙子，官州同。"但至今也未查找到有关曹雪芹"官州同"的任何旁证材料。不少论者认为，"官州同"不符合曹雪芹的性格。故"天佑"不是曹雪芹。

现在确实没有查找到任何旁证材料，"官州同"确实不符合曹雪芹的性格，但曹雪芹当过官却是有案可查的。

前引资料说："曹雪芹官内务府笔帖式。"

《长白艺文志初稿》："官内府堂主事。"

香山张永海老人曾言："曹雪芹当过'内庭侍卫'。"

上面这三种说法，我们全同意。

在《曹雪芹是造国师吗？》一篇中，曾谈到曹雪芹可能当过畅春园的"笔帖式"。

在《曹雪芹在西郊小探》一篇中，曾谈到曹雪芹应"召"到长春园搞园林规划工作，后来因故退出。大型皇家园林的规划师，其地位是很高的。与此相适应，该有一个与之相称的官衔。曹雪芹当"内务府堂主事"，当是此时。故当"内务府堂主事"的说法，也是相当可信的。

前面曾谈到，秦氏出殡取材于马武出殡，能否设想："江宁府江宁县"的贾蓉买官，即"江宁府江宁县"的曹雪芹买官的艺术再现，"龙禁尉"即"非值班侍卫"的美称呢？如果不是，那为什么要在贾蓉名字之前，毫无道理地加上"江宁府江宁县"六个大字呢？

故曹雪芹有"内廷侍卫"的官衔也是不足为怪的。

除"笔贴式"官职较小外，"主事""内廷侍卫"的品位都不低。出于某种原因（如抄家被逐），不便在宗谱上直书"内务府堂主事"或"内廷侍卫"，从而以品位相当的"州同"代之，不谓不可能。果尔，则名为"州同"，实非"州同"，与曹雪芹的性格便毫不相干了。

故"官州同"也不能作为前述结论的反证。

反证之四：

顺治初年，清室明令禁止满汉联姻，故马武不会把女儿嫁给曹頫。

曹家虽系汉人，但却是"从龙入关"的入旗旧部，不能以一般汉人视之。

乾隆二年对此规定做了修改。新规定允许包衣佐领、管带与八旗联姻。

大家知道，规定与现实之间是很难完全一致的。就某些现实来说，规定归规定，不按规定办事的却大有人在。且规定总是应需要而生，总是先有大量问题急待解决时，才制定新规定或修改旧规定。

乾隆二年作出新规定，说明在此以前已存在大量包衣佐领、管带与八旗满人结亲的事例。故清初的规定也不能作为前述结论的有力反证。

为进一步搞清这个问题，我请教了故宫清史档案馆专家张书才先生。张先生认为这不算问题。并随口举出了几位满族权贵将女儿嫁给汉人的例子。这说明，清初的此项规定，并没有认真贯彻执行。故清初不准满汉联姻的规定不能做反证用。

反证之五：

马武是名，不是姓。按满人的说法，马武之女应该称"富察氏"，不能称"马氏"，故不能一看到"马"字便神经过敏起来，把"马氏"说成是马武的女儿。

这类家庭内部的称呼问题，史料上无明文规定，无由查改。我请教了几位满族朋友。据云：满人重名不重姓，除某些特定场合外，一般都用名，不带姓。至于马武之女能不能称"马氏"，说法不一。有的朋友认为不行，只能称"富察氏"；也有的朋友认为，入乡随俗，既然嫁给汉人，按汉人的习惯称呼为"马氏"也是可以的。我想，只要不对外，家庭内部成员之间，称呼为"马氏"也未尝不可。

但是，见于资料中的"马氏"并非家庭内部成员之间的日常称呼，而是白纸黑字地写在曹府上奏给康熙帝的奏折上。原文是：

> "奴才之嫂'马氏'，因现怀妊孕，……将来若幸而生男，则奴才之兄嗣有在矣。"

家庭内部成员之间或可称"马氏"，上奏给皇帝的奏折怎么也称"马氏"呢？这恐怕要结合上面一条反证才能解释得清楚。既然清初明文规定满汉不能联姻，故在上奏皇帝的奏折上，就不敢明目张胆地写上："曹頫的妻子是满族的富察氏"。故不得已用家庭日常的称呼取代。情况特殊，不能以常规衡之。

我想到的反证就这些。也都一一辩驳过了。希望读者提出更多的反证。我相信，再多的反证也证不倒正确的结论。

这并不等于说，前叙的结论已经完美无缺了，已经可以作为定论了。这是因为，前面引用的几则资料，有的是经我校改过的，有的含义不够确切，可根据需要做出这样或那样的解释。而我的解释是有倾向性的。都不算硬证。几个对比表虽有一定说服力，但若有人硬说：它们全部都是巧合。我也没有办法去证明它们不是巧合。因此，要最后拍板定案，还须补充更加过硬的材料。我想到的材料有：

1. 如果有人找到了"马家"的家谱，如果家谱上有马武女儿适曹家的记载；

2. 如果在故宫清史档案馆中，找到了雍正五年新增的"非值班侍卫"名单，名单上又记载有曹雪芹的名字；或者乾隆十四年、十五年内务府园林管理处的在册人员名单"主事"一栏内，载有曹雪芹的名字；

3. 如果在故宫清史档案馆中藏有雍正八年、九年古北口提督保祝上给雍正的奏折，奏折上又提到其女儿（"探春"）远嫁蒙古藩王的有关资料；

4. 蒙古王府本《石头记》或与这位远嫁的"探春"有关。内蒙古历史档案馆如果藏有该王府的家谱，如果家谱上找到了马武的女儿"探春"其人；

5. 如果在某笔记中，找到了原恭王"空府"曾一度成为"马家"府第的有关记载。

如果能查找到上述资料中的一项或两项，那么，就可以理直气壮地说："《红楼梦》何所指"的问题，彻底解决了！"

四、自叙说再认识

一九二一年，我国著名学者胡适在《红楼梦改证》一文中说：

"我们看了这些材料（指该文汇集的有关曹雪芹家系的材料），大概可以明白这部书是曹雪芹的自叙传了。"

又说：

"若著作者是曹雪芹，那么，曹雪芹即《红楼梦》开端的那个深自忏悔的'我'！"

胡适的"自叙说"提出以后，七十年过去了。七十年中，红学家们"上穷碧落下黄泉"，几乎把曹家的史料翻了个底朝天，也不能证明《红楼梦》写的是曹家家事。因此，"自叙说"显得无精打采，有气无力。近些年来，甚至成为一些人嘲弄的对象。谁要是再提"自叙说"，谁就有被讥为不懂"文学的典型规律"的危险。例如，有人说：

"认为《红楼梦》是一种对真人真事的描叙，这种观点违反了文学的典型规律，抹煞了艺术的典型和典型塑造，因而不是《红楼梦》的正确解释。"

要想不违反"文学的典型规律"，要想不抹煞"艺术的典型和典型塑造"，就不能描述"真人真事"。有了这条戒律在，谁还敢提"自叙说"！

根据本文前面所得出的结论，我们认为还是有必要突破这条戒律，重新认识一下"自叙说"。

《红楼梦》到底是不是作者的"自叙"？要搞清这个问题，首先要搞清《红楼梦》旧稿《风月宝鉴》是本什么性质的书。因为《红楼梦》是在《风月宝鉴》的基础上增删分目改写而成的。

前引宋翔凤的那则谈话的末尾，还有如下一句：

"……曹实楝亭子，素放浪，至衣食不给，其父执某（'父执'，当指曹頫的执友兼二舅保祝），钥空室中。三年，遂成此书。"

"钥空室中"三年可写成的书，无疑是指《红楼梦》旧稿《风月宝鉴》。

前面还说到，曹雪芹是因爱情纠葛，行为放浪而被逐出"马府"的，"钥空室中"应是被逐的前奏。故推知"钥空室中"的时间，始于曹雪芹成年前后，十七八岁。"钥空室中"三年，合雍正九十年至十二三年。曹雪芹于雍正十二三年被逐，或与"马母"去世后无人庇护有关。

这一推断，可与下面畸笏的一条评语相印证。该评语说：

"尚记丁巳春日谢园送茶乎？届指已二十年矣！"

丁巳是乾隆二年，这年春天，曹雪芹与畸笏一起"谢园送茶"。说明他此时已离开"马府"，不再"钥空室中"了。

旧稿既然是曹雪芹因爱情纠葛，行为放浪而被"钥空室中"闭门思过时写的，书名又被东鲁孔梅溪改为带有惩恶劝善性质的《风月宝鉴》。据此，可推知旧稿不能不带有"忏悔录"或"情伤忏悔录"的性质，也不能不具有以下一些特点：

1. 主要记叙自己在"马府"中的往事，不会做更多的艺术加工。

2. 不会过多谈及曹家的情况，不会有后三十回的内容。

3. 以写日常事、女儿情为主，不会过多涉及世态人情。

4. 前文谈到，大观园分别取材于萃锦园、随园和长春园。曹雪芹"钥空室中"写他的"情伤忏悔录"时，还没有后面两座园，只有作为怡红院和怡红院后院——葬花区艺术原型的锦萃园。故《风月宝鉴》中不会有大观园，也不会有贾政、元妃、贾母和刘姥姥等人游大观园的事故。只有在怡红院和葬花区发生的故事。

因此，《红楼梦》旧稿《风月宝鉴》应该是青少年时代的曹雪芹（石兄、石头）"幻和尘世"，在"花柳繁华地，温柔富贵乡"的"大旨谈情，不过实录其事"的记录；亦即"大荒山无稽崖青埂峰下""一大块石上字迹分明，编述历历"的《石头记》。脂砚在评语中说的"堕落情根"的"情根"，指的也是这部记叙爱情故事的"情伤忏悔录"。从这个意义上讲，《红楼梦》旧稿《风月宝鉴》是一部不折不扣的、"追踪蹑迹，不敢稍加确凿"的自叙。

知道了《风月宝鉴》的性质，再来确定《红楼梦》的性质就非常简单了。

《红楼梦》是在《风月宝鉴》的基础上，经曹雪芹"披阅十载，增删五次，纂成目录，分出章回"改写而成的小说。改写时，重新组织了故事情节，增加了后三十回中的内容，并把"马府"的后园，扩大成为"备记风月繁华之盛"的大观园。运用"假作真时真亦假"的手法，或移花接木，或巧剪新裁，或借假说真，进行了大量的艺术加工，使书的主题更加鲜明，人、景的形象更加典型，内容也更加丰富多彩。因此，《红楼梦》是"自叙"，又不是"自叙"；是经过艺术加工的"自叙"，又是在"自叙"基础上经过艺术加工改写而成的小说。说它是"小说"，没有错；说它是"自叙",也没有错;只准讲"小说",不准讲"自叙",错了!

现在的问题不是"小说"、"自叙"之争,而是一些人寻找各种似是而非的理由,只准讲"小说",不准讲"自叙"。这种现况,对《红楼梦》研究十分不利。下面不妨举几个例子。

例一:

有人为了强调《红楼梦》的政治性,认为研究《红楼梦》应该与雍正夺嫡时的政局更迭联系起来。若证从"自叙说",这是讲不通的。雍正是"马家"的庇护伞、大恩人。没有雍正夺嫡,就没有"马家"的富贵荣华,就没有曹雪芹青少年时代那种"鲜花看锦"的生活。当曹雪芹因爱情纠葛、行为放浪而被"钥空室中"闭门思过,又愧又悔地写他"情伤忏悔录"时,哪会有心思去干预雍正夺嫡之争?

例二:

有人因在书中没有找到多少"干涉时事"的话,却发现不少"称功颂德"的东西。便认为是曹雪芹被"文字狱"吓到了,不敢写;或认为是和珅从中搞了鬼。这是极大的误解。按前文可叙,秦氏出殡取材于马武出殡。弘历长曹雪芹五岁,即将成为马武的侄女婿。出席秦氏葬仪的北静王水溶,无疑取材于出席马武葬礼的宝亲王弘历。青少年时代的曹雪芹,与乾隆帝、后都有良好的关系。他有什么理由要骂皇帝,骂朝廷?书中纵然有这方面的内容,也不过"实录其事"而已,与曹雪芹的思想不会有太大的联系。

例三:

探佚文章也有类似的问题。如有人把元妃之死与曹家籍没和宫廷内部斗争联系起来,这也是不对的。参照"自叙说":作为元妃生活原型的孝贤纯皇后,卒于乾隆十三年,比曹家籍没整整晚了二十年,怎么可能对曹家籍没产生影响?至于说到宫廷内部斗争,更是子虚乌有。乾隆与"元妃"的亲事是雍正决定的,乾隆对此十分满意。婚后两人的感情一直很好,为了让皇后消愁解闷,还特意陪后南巡。皇后去世后,乾隆做了一篇

《述悲赋》，真挚感人。怎么扭到宫廷内部斗争上去了？

可见，研究《红楼梦》，固不能囿于"自叙说"，也不能偏离"自叙说"太远。囿于"自叙说"无异作茧自缚，影响对《红楼梦》的全面理解，偏离了"自叙说"则像是断了线的风筝，流荡无根！

不论什么事，都不能走极端，说好便一切都好，说坏便一切都坏。"自叙说"可能有缺点、有错误，但并非全无是处。把"自叙说"和"文学的典型规律"对立起来有什么必要呢？何况"典型规律"讲的是创作方法，不是作品本身的价值。就拿创作方法来说，有多种多样，"典型规律"不过是现实主义创作方法的组成部分之一而已。我们可以通过研究《红楼梦》，来丰富"文学的典型规律"，怎么能用"文学的典型规律"来规范曹雪芹的创作方法，只准他写小说，不准他写"自叙"呢？看来，因果关系被完全颠倒了。

大家知道；曹雪芹自己就把《红楼梦》看成一部"自叙"。他在第一回中说：

"忽念及当日可有之女子，一一细致较去，觉其行止见识，皆出于我之上。……当此，则自欲将已往所赖天恩祖德，锦衣纨绔之时，饫甘餍肥之日，背父兄教育之恩，负师友规谈之德，以至今日一技无成、半生潦倒之罪。编述一集，以告天下人：我之罪固不免，然闺阁中本自历历有人，万不可因我之不肖，自护已短，一并便其泯灭也……虽我未学，下笔无文，又何妨用假语村言，敷演出一段故事来，亦可使闺阁昭传……"

曹雪芹为什么要写《红楼梦》？这段话讲得再也清楚不过了。第一是自我反省，第二是给他所熟悉的、爱过的、其行止见识皆出于他之上的当日所有女子之"昭传"，使她们不致泯灭。如果我们不把《红楼梦》看成是"自叙"，而看成是曹雪芹按"艺术典型和典型塑造"创作出来的虚构的艺术典型。那么，不但曹雪芹白白"自我反省"一番，而且其行止见识皆出于他之上的闺阁中的"历历有人"，只好任其"泯灭"。要真是这样，这真辜负了曹雪芹的一把辛酸泪，十年辛苦情！

我认为《红楼梦》之所以能产生巨大的社会影响，不在于它是"自叙"或不是"自叙"；写的是"真人真事"或是"假人假事"；违反了"文学的典型规律"或是没有违反"文学的典型规律"；首先在于作者愿不愿深入生活，敢不敢正视生活，能不能把自己的激情融于生活。只要作者深入生活，正视生活，满怀激情地、真实地再现生活，纵然是"自叙"，也能写出艺术性很高、社会影响很大的作品来。反之，主题先行，缺乏激情，闭门造车，专写假人假事。纵使不是"自叙"，其作品也必然庸俗不堪。各种各样的《红楼后梦》《红楼圆梦》都是很好的例子。现在之所以有人把《红楼梦》称为封建社会的"百科全书"，称为封建社会的镜子，就因为它通过剖析一个封建贵族家庭，深刻地、真实地、全面地再现了作者所处的那个时代。

现在还有一些人把胡适的"自叙说"与"丰富的社会阶级斗争的内容"完全对立起来，认为只要说是"自叙"，就必然抹煞"丰富的社会阶级斗争的内容"，只要写了"丰富的社会阶级斗争的内容"，就必然不是"自叙"。这一观点是很成问题的。

"哪里有生活，哪里就有斗争"，其中也包括"丰富的社会阶级斗争"。任何人都不可能生活在真空里。社会阶级斗争必须涉及生活的诸方面，贯穿生活的全过程。只要深刻地、真实地、全面地再现生活。就必然会深刻地、真实地、全面地再现"丰富的社会阶级斗争的内容"。这和"自叙"或不是"自叙"有什么关系呢？为什么胡适提"自叙说"，就是"妄图抵制马克思主义的传播""反对马克思主义文艺理论的典型论""抹煞和掩盖这部作品的强烈的思想锋芒""妄图把经过作家典型化的并且具有鲜明思想倾向的作品，还原为琐琐屑屑的生活素材，取消《红楼梦》所反映的极其深刻的阶级斗争的内容"呢？

因此，我认为应该更新评价胡适的"自叙说"，让"自叙说"在《红楼梦》研究中占有一席之地。

第八篇 曹雪芹晚年二三事

——曹雪芹与"寂寞西郊"

曹雪芹去世时只有四十八岁，按现在的标准，正是做贡献、出成绩的大好年华。如把他去世前几年称为"晚年"，似不太合适。不过现在都这样称呼，我们就不好自外了。

为使"晚年"二字的含义更为明确，我拟用曹雪芹"庐结西郊"作为他"中年"和"晚年"的定界。时间是乾隆二十四五年。从二十四五年到"壬午除夕"（乾隆二十七年除夕）去世，约有三年的时间，我称它为曹雪芹的"晚年"。

曹雪芹的"晚年"迁居"寂寞西郊"，生活贫困，独子早夭；去世后"新妇飘零"，著述星散，是非常不幸的。

下面是拟谈的有关曹雪芹"晚年"的几个问题。

一、消极出世还是积极入世？

张宜泉写了一首《题芹溪居士》诗，对曹雪芹"晚年"的生活和思想情况作了简单的概括。诗的全文是：

爱将笔墨逞风流，庐结西郊别样幽。

门外山川供绘画，堂前花鸟入吟呕。

羹调未美青莲宠，苑召难忘立本羞。

借问古来谁得似，野心应被白云留。

诗的前四句介绍了曹寻芹"晚年"适闲生活，五、六两句提及早年一桩值得称颂的往事。最后两句谈到曹雪芹的思想和精神状态，也是全诗的总结。特别是最后一句，实在是全诗的点睛之笔。

正好是最后一句，理解上有分歧。周汝昌先生认为这一句是拿曹雪芹比宋名士魏野；吴恩裕先生则认为是拿曹雪芹比五代名士陈抟。因为陈抟有云："一片野心，已被白云留住。"和张诗最后一句的用辞完全相同。

我在查阅了有关的史科以后，认为周先生的意见是对的，吴先生的意见错了。

把曹雪芹与魏野比或是与陈抟比，并不像表面上看的那样无足轻重，而是关系到对曹雪芹晚年为什么要迁居"寂寞西郊"，为什么要更字改号、为什么要"终日沉酣于醉乡中"等重要的问题的正确理解。

现将我查阅过的几则史料抄录于下：

《中国名人大辞典》魏野条：

"宋蜀人，字仲先，嗜吟咏，不求闻达。居陕州之东郊，自筑草堂，弹琴赋诗其间，号草堂居士。著《草堂集》。大中符衫辽便至。言本国得其上帙，愿校全部，诏与之。野上言：'愿守畎亩，永荷帝力。'"

《辞海》魏野条：

"北宋诗人，字仲先，号草堂居士，陕州陕县人。隐居不仕。工诗。原有《草堂集》十卷"，后其子闲重编为《五鹿东观集》七卷。

《宋史》隐逸·魏野传：

"……居州之东郊。手植竹树，清泉环绕，旁对云山，景趣幽绝。凿土袤丈，曰 乐天洞，前为草堂，弹琴其中。……祀汾阴岁，与李渎并被荐。遣陕令王希招之。野上言曰：'……望回过听，许令守愚，则畎亩之间，永荷帝力。'"

我拿上面摘录的几则史料与张宜泉诗进行了对比，可得对比表如下：

史料所载与张宜泉诗及其他资料对比表

史料所载	张宜泉诗及其他资料
宋"隐逸""工诗""嗜吟咏，不求文达"。	"爱将笔墨逞风流。"
"自筑草堂""号草堂居士"。草堂"旁对云山，景趣幽绝"。	"庐结西郊别样幽。"庐前有"晴溪"，改号"芹溪居士"（"晴""芹"谐音）。
"弹琴赋诗其间。""弹琴其中。"	"门外山川供绘画，堂前花鸟入吟呕。"
"言本国得上帙，愿校全部，诏与之。""野上言曰：'……望回过听，许令守愚，则畎亩之间，永荷帝力。'"	"羹调未羡青莲宠，苑召难忘立本羞。"
魏野有《寻隐者不遇》诗，最后两句是："采芝何处未归来，白云满地无人扫。"	"借问古来谁得似，野心应被白云留。"

从对比表中可以看出，张诗句句都紧扣魏野，句句都有史料为凭。若比之陈抟，除第一句和最后一句外，其余诸句都失之空泛。特别是五、六两句，陈抟并没有应"召"为皇帝效力，而魏野和曹雪芹是应过"召"，为皇帝效过力的。故陈抟不能与之相比。可见张诗是把曹雪芹比作魏野，而不是比作陈抟。

对比表加深了我们对张诗的理解，也加深了我们对曹雪芹"晚年"的理解。对比表告诉我们：

1. 曹雪芹新居前有"晴溪"（参看张宜泉《晴溪访友》诗），遂改号"芹溪居士"，一如魏野之可为者。这样，我们便知道曹雪芹改号的时间是"庐结西郊"以后，改号原因是向魏野看齐。确知曹雪芹改号的时间和原因，对研究《红楼梦》和脂评是很好处的。

2.张诗中最关键的"白云"两字也找到了确解。魏野《寻隐者不遇》诗的全文是：

寻真误入蓬莱岛，香风不动松花老。

采芝何处未归来，白云遍地无人扫。

"白云"，指"隐者"所居之处，泛指离群索居的"隐者"生活。"野心应被白云留"的意思是：曹雪芹也像魏野一样，他的心已被离群索居的"隐者"生活留住了。曹雪芹"晚年"迁居"寂寞西郊"，便是这句诗的最好解释。

3.前面摘录的史料中，有"与李渎并被荐"句。句中提到的李渎是魏野的好友，宋隐逸。有点宿命论观点，嗜酒，是位"曹雪芹式"的人物。据《东都记略》所载：

"……渎嗜酒，人或勉之。曰：'吾以乐吾余年尔。'常语诸子曰：'山水足以自娱情，苟遇醉而卒，吾之愿也。'一日，忽见人至其床下，诵诗云：行道水穷处，未知无尽时。言讫不见。渎曰：'吾将逝矣！'亟命家人置酒，顷之而卒。野闻其死，哭之恸，六日而卒。"

从李渎晚年嗜酒的心态，可以加深我们对曹雪芹"晚年"嗜酒的理解。

4.张宜泉既然把曹雪芹比于魏野，说明在张宜泉心目中，曹、魏二人在思想、志趣、情操等方面是相同或近似的。有关曹雪芹的资料奇缺，而魏野却有《草堂集》十卷。通过《草堂集》可以搞清魏野的思想，也就等于在一定程度上搞清了曹雪芹"晚年"的思想。下面选录了魏野四十岁以后的三首诗，供读者参阅。

四十自咏

闲心虽不动，记忆觉潜衰。

棋退难饶客，琴生却问儿。

手慵农器信，身散道装知。

笔砚将何用，天阴改旧诗。

述　怀

东郊魏仲先，生计且随缘。

任懒自扫地，更贫谁怨天。

有名闲宝贵，无事小神仙。

不觉流光速，身将半百年。

故　山

——送太白山人俞太中之商 于访道友王知常洎归故

羡我诗中偶有名，输君物外更无萦。

水声山色为声色，鹤性云情是性情。

四皓云中寻旧友，三清路上指前程。

连天太白从今去，林下何时再造迎。

　　通过对张泉宜诗的注释，以及我们从诗中伸引出来的四点，都说明曹雪芹"晚年"有浓厚的消极出世思想，向往于住在白云深处的"隐者"生活，并为此而另迁新房，隔断红尘。

　　可吴恩裕先生有不同的意见，他认为张宜泉误解了曹雪芹。他说："宜泉终视雪芹的隐逸者流，此诚不是以知雪芹。"吴先生的说法有一定道理。张宜泉的看法是他个人的看法，而个人的看法是不能作为定论的。

　　好吧！让我们来看看，曹雪芹本人是如何评价自己的吧！曹雪芹"晚年"给自己起了新字、号。这些新字、号总可以看成是自己对自己的评价吧！

　　这些新字、号有：

　　字：梦阮。

　　号：芹溪居士、耐冷道人。

　　字：梦阮：

　　乾隆二十六年，敦敏、敦诚造访曹氏新居，各有诗志其事。

敦敏诗："一醉酕醄白眼斜。"

敦诚诗："步兵白眼向人斜。"

两人同时提到阮籍的"青白眼"。说明曹雪芹改字的时间离他俩造访前不久，这才在诗中特意点明。故知"梦阮"是曹雪芹"晚年"起的新字。

"梦阮"二字的含义是大家都清楚的。用"梦阮"来做自己的新字，难道不是消极出世思想的表现吗？

号：芹溪居士：

魏野自筑草堂，号"草堂居士"。曹雪芹以魏野自比，庐结晴溪，号"芹溪居士"。还如魏野一样，"心被白云留"。这难道不是出世思想的典型反映吗？

号：耐冷道人；

"耐冷道人"是不是曹雪芹的号？是不是"晚年"新起的号？需要加以说明。

《红楼梦》第三十七回：湘云咏海棠诗有云："自是霜娥偏爱冷。"此系从李商隐《霜月》诗中的"青女素娥俱耐冷"转化而来。"爱冷"意同"耐冷"。脂砚在这句诗的后面加评云："终不脱自己将来景象。"评语中的"自己"二字，可理解为小说中的史湘云（我自己），可理解为这条评语的作者脂砚（我自己），也可理解为小说作者曹雪芹（你自己）。若理解为小说作者曹雪芹，评语的意思是："终不脱你自己将来的景象——"爱冷""耐冷"。鉴于资料中曹雪芹有"耐冷道人"之号，故知这条脂评是针对曹雪芹说的。也证明曹雪芹确有"耐冷道人"之号。

曹雪芹以"霜月"自喻，起号"耐冷道人"，并身体力行，迁居"寂寞西郊"，真正耐起冷来。这和积极入世思想有什么联系呢？在号的后面加上"居士""道人"，和积极入世思想又有什么联系呢？

一个人的消极出世思想，不会在"晚年"遽然产生，必定有原因，必定有形成和发展的过程。《红楼梦》中的贾宝玉，从天真无知最后到"悬崖撒手"，就真实地反映了曹雪芹消极出世思想的形成和发展过程。同时，《红楼梦》也明确谈到了曹雪芹思想转化的主要原因。

《红楼梦》中写了三位看破红尘，随和尚、道士"飘然而去"的人物。除"悬崖撒手"的贾宝玉外，另两位是甄士隐和柳湘莲。

甄士隐随道人"飘然而去"的原因是：

家庭的败亡。

甄士隐本来是当地"望族"，"禀性恬淡，不以功名为念，每日只以观花修竹，酌酒吟诗为乐，倒是神仙一流人品"，不意邻家失火，把他的家宅"烧成一片瓦砾坊"，只得"投他岳丈家"，"勉强支持了一二年，越觉穷了下去"。"忽见那边来了一个跛足道人，用《好了歌》点化与他。甄士隐受到启发，深感人世的沧桑巨变，命运的升降沉浮，意识到芸芸众生的追名逐利，"到头来都是为他人作嫁衣裳"，便给《好了歌》做了一篇注释，"便说了一声'去吧！'将道人肩上的褡裢抢了过来背着，竟不回家，同了疯道人飘然而去"。

柳湘莲随道人"飘然而去"的原因则是：

爱情的幻灭。

柳湘莲的理想情侣是尤三姐这样的人物。但由于自己的疑忌，错误地理解了贾宝玉对尤三姐所做的介绍，致使"痴情待君五年"的尤三姐自刎殉情。正是"来自情天，去由情地，生前误被情惑，今既耻情而觉"。湘莲悲痛悔恨之余，似梦非梦地看见"旁边坐着一个瘸腿道士捕虱"。经这个道人点化，湘莲"不觉冷然如寒冷侵骨，掣出那股雄剑，将万根烦恼系一挥而尽，便随那道士，不知那里去了"。

曹雪芹用甄士隐的家庭亡败来影射自己的家庭败亡；用柳湘莲的爱情悲剧来影射自己的爱情悲剧；用甄、柳二人的随道人"飘然而去"，来反映自己思想上的"悬崖撒手"，用意是十分清楚的。

曹雪芹思想转向消极出世的第三个原因是：

事业上的毁灭。

乾隆十四年，曹雪芹有幸被"权相"推荐到长春园搞擘画工作。这是一份可以充分施展自己才能，实现自己抱负的工作。如果一切顺利，本可干出一番事业来，为皇帝为后世建造一座比较理想的园林。出于各种原因，事业上的追求化为泡影，仅给他留下"一技无成，半生潦倒"之叹！脂砚不得不指出"无材补天"，"乃作者一生惭恨！"

为未能"补天"而"惭恨"一生，不能不说是曹雪芹思想上受到的一次巨大的冲击。

家庭的败亡，爱情的幻灭，事业的毁灭，三箭齐发。一个打击接一个打击，使得曹雪芹悔恨一生，惭愧一生！我们认为这三者就是曹雪芹"晚年"思想转向消极出世，向往"隐者"生活的主要原因。

家庭的败亡，爱情的幻灭，事业的毁灭，如同三个恶梦，困惑着曹雪芹的一生。是梦，终有梦醒的时候。不料"红楼"梦醒，又一头栽到"隐者"之梦里去了。"隐者"之梦是一个更可怕的噩梦，也是他"晚年"各种不幸的根源。是它，使得曹雪芹思想消极，"终日沉酣于醉乡中"；是它，使得曹雪芹生活贫困，"举家食粥酒常赊"，是它，几乎毁掉了曹雪芹的一切！这才是曹雪芹的真正的悲剧。

也许有人不同意我上述的看法。在他们心目中，总以为曹雪芹晚年的形象应该更高大一些，更健康一些。这些人的心情我十分理解。作为中国人，谁不希望自己国家、自己民族的伟大作家气宇轩昂、英姿勃发地出现在世人的面前，谁不希望曹雪芹能成为我们国家、我们民族的象征和代表。可好的愿望代替不了历史的事实。曹雪芹是人，不是神。是人，就不可能超载历史的局限；思想上必然要打上家庭的、社会的、他那个时代的烙印。我们不能用超时空的观点去评价历史人物的功过。曹雪芹有优点，也有缺点；有积极的一面，也有消极的一面。我们不能因他有缺点、有消极的一面而责怪他，要责怪也只能责怪曹雪芹所处的那个时代！

二、曹雪芹新妇＝脂砚＝史湘云

曹雪芹去世后，敦诚写了一首挽持，诗中有如下两句：

"孤儿渺漠魂应逐，新妇飘零目岂暝。"

诗中所说的这位"新妇"是谁？后来怎样了？一直引起人们的关注。

大致有两种不同的意见。

一种意见是周汝昌先生提出来的。详见五十年代出版的《红楼梦新证》。我在《试探曹雪芹的青年时代》一篇中，也曾谈到这个问题。周先生认为：敦诚诗中提到的这位"新妇"即《红楼梦》的主要评家脂砚，亦即《红楼梦》中女主角之一——史湘云。为后文叙述方便，周先生的这些意见可简化为如下公式：

曹雪芹新妇＝脂砚＝史湘云

我本想把这个公式称为"周氏公式"，因事先未征得周先生的同意，故另取名为"新妇公式"。

另一种意见则认为敦诚中的"新妇"是乾隆十四五年曹雪芹南下江宁时娶的一位李姓表妹名芳卿（或名清芳、芳清）者。其所列举的理由，后文再一一述及。

我称此说为："南下娶新妇说"。

周先生提出自己的公式后，犯了一个不该犯的错误：一方面，他提出了"新妇公式"；另一方面，他又坚持认为脂砚和畸笏是同一评家的两个化名。大家知道，有好几条评语证明畸笏是男性。脂砚、畸笏不分等于承认脂砚也是男性。男性的脂砚，怎么会是史湘云？怎么会是曹雪芹的"新妇"？这就使周先生陷入了自我矛盾的境地。

反对"新妇公式"的人正是从这里找到了突破口。他们质问：既然脂评作者是女性，那么，脂评说：

"能养千军，不养一戏，盖盛言优伶之不可养也。……余后梨园子弟多矣，个个皆然。亦曾与惯养梨园诸世家兄弟谈论及此，众皆知其事，而皆不能言。"

与惯养梨园诸世家兄弟谈论养戏子事的人，怎么可能是史湘云——曹雪芹的"新妇"？

还有下面这条评语：

"余三十年得遇金刚之样人不少，不及金刚者亦不少。惜书上不便历历注上芳讳。"

经常与金刚之样者打交道的，自然也不可能是女性，即不可能是史湘云的生活原型。

现已有人证明，上述的两条评语，均出自畸笏之手。既然是畸笏写的，与脂砚无关，就不能用来作为脂砚非女性之证。

还有下面这条署名"脂砚斋"的评语，也曾被用来反对"新妇公式"。评语说：

"作者曾吃此亏，批书者亦曾吃此亏。故特于此注明，使后人深思默戒。"

我不知道反对者怎么会选用这样一条评语。

评语中所说的"吃亏"，参照第四十八回宝钗和薛姨妈的对话，可理解为银钱被人"哄骗"；出门在外"举止无靠"之类的经历。此类经历，坎坷一生的曹雪芹有之，"变故累遭、生不逢辰"的脂砚亦有之。若脂砚是曹雪芹的妻子，"吃亏"就更可能是他二人患难与共、风雨同舟的共同经历。这样的评语，怎么能证明脂砚不是女性呢？用来证明脂现和曹雪芹是夫妻，不是更加合适吗？

在《试探曹雪芹的青少年时代》一篇中，曾谈到第五十四回回前诗及诗序的作者，是"都中旺族"、"马府"的成员脂砚。脂砚是曹雪芹在"马府"结识的一位堂表妹，她有着"母媚、兄死无依、变故累遭、生不逢辰"的坎坷经历。这样，曹雪芹和脂砚，他们一位被逐出"马府"后坎坷一生，一位"变故累遭，生不逢辰"；一位写书追叙自己在"马府"的亲身经历，一位凭自己在"马府"的亲身感受对书中的故事加以评注。曹雪芹去世后,这位"马家"表妹仍然信誓旦旦,愿与曹雪芹"二人大快遂心于九原"。敦诚诗:"且著临邛犊鼻裈",意谓曹雪芹从事贱业(造园)并娶豪门富户寡女为妻。"变故累道",或系新寡;"马家"之女,岂非豪门?这些,难道不同样能证明脂砚是曹雪芹的妻子吗?

这里,我又从一个全新的角度证明了周先生的"新妇公式"。

确认脂砚和畸笏是性别不同的两位评家,反驳"新妇公式"的意见便不攻自破。加之我又从一个全新的角度证明了"新妇公式",按说,"新妇公式"当不会再有什么问题了吧!

可是,近些年来又出现了一个"南下娶新妇说"。相信此说者颇多,有批驳的必要。因为"南下娶新妇说"和"新妇公式"是完全对立的。有了"南下娶新妇说",就不可能有"新妇公式",想树立"新妇公式"的权威,就必需驳到"南下娶新妇说"。

"南下娶新妇说"可分解为两个问题:一个是"南下",一个是"娶新妇"。

先说"南下"问题:

乾隆二十四年曹雪芹南下江宁,入户继善幕是周汝昌先生提出来的。主要证据是一幅《曹雪芹画像》上的题词,袁枚的两则诗话,许北桂在《绛蘅秋传奇》序言中说过的一段话,近人沈某提供的有关曹雪芹北上时在瓜州镇逗留的一份资料和敦敏的一首《闭门闷坐感怀》诗。现已查明:画像是赝品,在《曹雪芹是造园师吗?》一篇中曾指出:袁枚的诗话,许、沈二人提供的资料都是针对乾隆十三年曹雪芹南下江宁,为袁枚擘画随园时说的。不能挪到乾隆二十四年来,作为曹雪芹当年下江宁之证。至于敦敏乾隆于二十五年写的《闭门闷坐感怀》诗:"故交一别经年阔,往事重提如梦惊"二句,据芦节先生改定(见《香港红学论文选》第294页),诗的中"故交",指敦氏兄弟的好友汪易堂。芦节先生说:

"《懋斋诗钞》从乾隆二十四年到二十八年,收入有关易堂的诗不少,共七首;《四松堂集》则有三诗一札。己卯春,易堂南归省亲,敦敏、敦诚有诗送行。敦敏诗：'秋风桂子月，预设故人樽'之嘱，当是易堂回乡参加秋闱。从己卯春到庚辰深秋，刚好一年零三四个月，'经年阔'指此。"

可见，曹雪芹在乾隆二十四年南下云云，纯系虚构，证明材料都是胡乱拼凑起来的。

再说"娶新妇"问题：

"娶新妇"的主要证据，是一对据说是曹雪芹用过的书箱和敦诚的一首《人犹生》诗。

我只在冯其庸先生的《梦边集》上看到了书箱的照片。箱门正面有《石兰图》、小字题词和带有"溪芹"字样的大字题词；箱门背面有几行所谓的"曹雪芹手迹"和一首据说是"新妇"芳卿写的《悼亡诗》：

"不怨糟糠怨杜康，乩诼玄羊重克伤。睹物思情理陈箧，停君待殓鬻嫁裳。织锦意深晬苏女，续书才浅愧班娘！谁知戏语终成谶，窀穸何处葬刘郎？"

我认为：书箱可能是前清旧物，但箱门正面的大字题词和背面"手迹"是伪造者后来加上去的。

先看箱门的正面：

只要稍加注意，就知道小字题词与大字题词不是同一人写的。小字题词的笔迹和箱门背面的"曹雪芹手迹"也大不相同、说明它们分别出自三位笔家之手。小字题词的内容是："清香沁诗肺，花国第一芳。"

据云：两句诗的第一个字"清"和最后一个字"芳"，和起来便是"新妇"之名，"芳卿"是她的爱称。

我国古代妇女的名字是十分珍贵的，一般不得让他人知道或提及。故"新妇"绝对不会让第三人把自己的名字刻写在箱门上。就是曹雪芹本人，也不会把自己妻子的名字刻在箱门上公之于众。此可疑者。

如果再细心观察，就会发现箱门上的《石兰图》行笔刚劲挺拔，"拙笔写兰"四字则飘逸圆润，两者粗细大小比例失调，风格迥异；且"拙笔写兰"四字排放的位置也很不妥当，两者根本不像是出于同一笔家之手。即：拙笔并没有写兰。没有写兰而偏偏要签署"拙笔写兰"，名实不符，显系假冒。此可疑者二。

箱门上的小字题词写在一个"不正不当"的位置，大字题词又写得太大，太拥挤，几乎把除《石兰图》以外的空地都占满了，致使整个画面杂乱无章，很不像样。如果把大字题词及"拙笔写兰"四字去掉，倒是一幅构图均衡完整的作品。

这使我联想到现代的伪造家。他们随便找来一件旧物或旧画，只在题词上做点小手脚便冒充文物以牟取暴利。《曹雪芹画像》就是一个很好的例子。箱门上杂乱无章的构图说明，此书箱可能是伪造家找来的一对旧书箱，《石兰图》和小字题词是原来就有的，带有"芹溪"字样的大字题词是伪造家后加上的。此可疑者三。

箱门上署"芹溪处士"而不署"芹溪居士"，是伪造者耍的小聪明。以为这样一来，书箱在似像非像之间，更能蒙骗人。殊不知"居士"二字是有来头的，是从"草堂居士"转化而来的，不能用"处士"取代。结果是聪明反被聪明误。此可疑者四。

再看箱门的背面：

箱门背面上的"曹雪芹手迹"和"芳卿《悼亡诗》"留给我们的第一印象是："芳卿"的字写得比"曹雪芹"好。芳卿的字竟能超越曹雪芹，这是任何一位《红楼梦》爱好者所无法接受的。

我拿"手迹"和《悼亡诗》上的字进行了比较。特别是拿"手迹"上写得较为工整的字如："自""卿""草""图"等，和《悼亡诗》上写得较为工整的字如"重""克""伤""处""愧"等进行了比较，不论从哪个方面看，它们都像是同一笔家写的。我毫不怀疑，这位笔家见过，甚至誊抄过据云是曹雪芹用"章草"亲自书写的《废艺斋集稿》，熟悉"曹雪芹"的字体。故他在书写"曹雪芹手迹"时，每一行中都加上几个带有"曹雪芹"笔意的"章草"字，如"绘""编""纹""稿""语"

等，以便借这几个字蒙混过关，以假充真。但如此写法，劳力费神，很难做到一气呵成，这就大大降低了这位笔家的书写水平。写《悼亡诗》时便没有这样的三顾虑，可以放手行笔。这也许是"手迹"的书法不如《悼亡诗》的真正原因。此可疑者五。

《悼亡诗》中有如下的句子：

"续书才浅愧班娘!"。

说明芳卿曾产生过续书的念头。

大家知道，最迟至乾隆二十四年，《红楼梦》已写完全稿，不存在续书不续书的问题。后来有部分文稿被"借阅者迷失"，芳卿可以敦促借阅者找回，或请脂砚、畸笏等人商议补齐，何必自己动手续书？芳卿应该清楚，《红楼梦》是作者的"自叙"小说，"自叙"小说别人怎么续？除非像高鹗那样，根本不管作者的经历，不管作者的思想转变状况，胡天海地地乱续。

芳卿产生续书的念头很不合理，显系不明真相者的伪造。此可疑者六。

"曹雪芹手迹"告诉我们，芳卿正在搞"织锦纹样"的创作，曹雪芹充当她的助手，给"织锦纹样"上色、写诀语。这又是一件怪事。如果结合曹雪芹"晚年"的经济、生活、思想状况做综合考虑，那就更加难以令人信服了。也许伪造者知道《废艺斋集稿》有编织、织补、印染诸册，织编一册中还有"鸳鸯戏水图案"。他以为如果再加上芳卿的"织绵纹样"一册，岂不更齐全了。然务求其全，反觉其伪。此可疑者七。

芳卿的《悼亡诗》手稿不写在纸上而写在箱门背面，令人费解。过去妇女的手迹也很珍贵，不能轻易示人，何况像《悼亡诗》这样的手搞。手稿写在箱门上，等于把自己的手迹留给书箱未来的主人。知书达礼的旧式妇女，岂能连这点都不考虑？此可疑者八。

我不懂文物鉴定，也没有见过书箱。仅凭书箱的照片，便挑出了这么多可疑之处。说明伪造者不是行家里手，只有二三流的水平。

可冯其庸先生竟认为书箱是真品，按说，以冯先生在绘画和书法方面的造诣。上述诸端是逃不过冯先生的眼睛的。我认为冯先生之所以看重这对书箱，是因为冯先生是赞同"癸未说"的。书箱若是真品。书箱上的玄、羊二字无异给"癸未说"增添了一个有力的旁证。冯先生在一篇论及书箱的文章中，强调的正是这一点。该文不但把《悼亡诗》看成曹雪芹卒于"癸未"的证据，也把曹雪芹卒于"癸未"看成书箱非赝品的证据。文章说：

"所谓玄羊，换句话说就是'癸未'。玄武是北方之神，用以代北。《史记·天官书》：'北方壬癸水。'这样，这里的"玄"字就是成了"癸"字的代称。'羊'，在十二干支里属'未'，所以'羊'字又是'未'字的代称。合起来"玄羊"又同于'癸未'。这样，就确认了曹雪芹死于'癸未'除夕，即乾隆二十八年，公元一七六四年二月一日。关于曹雪芹的卒年，过去一直有'壬午''癸未'之争，现在这个争论可以结束了。"

文章还说：

"……一九四八年春，胡适放弃了自己的'壬午说'，改从周汝昌的'癸未说'。这已经离全国解放只有几个月了。……然而，这木箱上的诗却是'战谶玄羊重克伤'，居然是'癸未说'而不是'壬午说'，也不是'乙酉说'和'甲申说'。由此看来，解放以前（伪造）的可能性已经不存在了。"

冯先生把"玄羊"解释为"癸未"是对的，但把"癸未"和"壬午除夕"对立起来，就不一定对了。

人们通常所说的"除夕"，是指大年三十晚上，八时至次日凌晨一二时。现在每年电视台举办"春节联欢晚会"所占用的正是这段时间。可见"除夕"一词的含义，并不像年、月、日那样有明确的定界。"壬午除夕"，可以是壬午年的戌时和亥时，也可以是癸未年的子时和丑时。若设想曹雪芹于壬午年除夕之夜病发，次日凌晨一二时去世，既可说他死于

"壬午除夕"，又可说他死于癸未年。

在曹雪芹去世一年零八个月之后。脂砚用"壬午除夕"来点明曹雪芹去世的时间，并没有什么不好。若改用"癸未正月初一子时或丑时去世"，反而显得，既啰嗦，又不吉利。

故《悼亡诗》中的"乩诼玄羊重克伤"句，不能用来作为"癸未说"的证据。

这并不是说我同意书箱是真品了。我只是想指出：《悼亡诗》的作者是想用"玄羊"二字含蓄地向我们提示曹雪芹卒于"壬午除夕"，这比直接书写"壬午除夕"要高明得多。可是，诗作者万万没有想到一九四八年会出现一个"癸未说"。结果，人们并没按照诗作者的提示联想到"壬午除夕"，而是联想到"癸未除夕"，意外地帮了"癸未说"的忙。书箱的可信度反而提高了。当然，这并不说明诗作者有未卜先知的本领，不过歪打正着而已。

可见，书箱伪造于一九四八年以前的可能性并没有排除。故"玄羊"二字，也不能作为书箱非赝品的证据。

自赵岗先生在美国查找到《小诗代简》署年"庚辰"而非"癸未"以后（该诗作于何年一直是"壬午说"和"癸未说"争论的焦点），曹雪芹的卒年问题已经解决了、就连把"玄羊"解释为"壬午除夕"也没有必要了。

因此，我认为书箱是伪造的赝品，而且是一位不太高明的伪造家炮制出来的赝品。

"娶新妇说"的另一证据是敦敏的一首《人犹在》诗。

乾隆二十五年，敦敏与曹雪芹一年多没有见面，意外相逢。呼酒诗旧事时感成了一首长短句（实际上是一首律诗，即我所说的《人犹在》诗）。诗的后四句是：

秦淮旧梦人犹在，燕市悲歌酒易醨。

忽漫相逢频把袂，年来聚散若浮云。

论者认为："秦淮旧梦人犹在"句中的"人"，即曹雪芹"新妇"。

如果"南下说"能够成立，如此解释，未尝不可。"南下说"既然不能成立，再把"人"字解释为"新妇"就很不妥当了。

"人"字到底应如何解释，我说了不算，应该以诗作者敦敏的解释为准。敦敏在写了《人犹在》诗一年以后，又写了一首《赠曹雪芹》诗。从这首诗中，我们可以探知"人"字的正解。诗的后四句是：

燕市哭歌悲遇合，秦淮风月忆繁华。

新愁旧恨知多少，一醉酕醄白眼斜。

上面四句诗中，第三句可看成是第一、二句的注释。即"燕市哭歌"，讲的是"新愁"；"秦淮风月"，讲的是"旧恨"。把这一解释用到《人犹在》诗，可得："秦淮旧梦"，是指曹家的"旧恨"，"燕市悲歌"是指曹雪芹"家遭巨变"以后的"新愁"。把诗简化一下，即得："旧恨人犹在，新愁酒易醺。"。

把"人犹在"的"人"字解作"新的"，在逻辑上也讲不通。如果曹雪芹真的燕尔新婚，携妇北归，并在席间将此事告知敦敏，敦敏会写出"旧恨人犹在，新愁酒易醺"这样的诗来吗？敦敏难道一句祝贺的话也不说反而要用"燕市悲歌"这样的句子吗？

从"秦淮旧梦"到"秦淮风月"，从"燕市悲歌"到"燕市哭歌"，敦敏在诗中的用词几乎完全一样。既然后写的一首诗与"新妇"无关，为什么前一首诗中要拉进一位"新妇"呢？

可见，把"人犹在"中的"人"解释为"新妇"是完全错误的。

还有的论者把《人犹在》诗序中的"别来已一载余矣"一句，与曹雪芹南下江南联系起来，这也非常勉强。难道不可以解释为曹雪芹"庐结西郊"以后，离城远了，进城的次数减少了，偶尔进城，偏巧未见上面，致使一年多未见吗？为什么根据这句诗，非要给曹雪芹安排一个"江南之旅"不可呢？芦节先生说得好：

"在北京生活过的人都有这样的经验，住在城里和郊区的朋友，一两

205

年碰不上面是常事，何况当时还没有通颐和园、香山、西山八大处各路公共汽车。"

《人犹在》诗最后一句表达的正是这个意思。该句是说：你来了，我去了；我来了，你去了，彼此都飘忽不定，有若聚散之浮云。其中哪有远别经年的意思！

通过以上分析，"南下"的证据没有了，"娶新妇"的证据也没有了，"南下娶新妇说"还剩下什么呢？什么也没有剩下，剩下的仅仅是一句空话。

最后，回过头来谈谈敦诚《挽曹雪芹》诗中的"孤儿"、"新妇"问题。

论者把"孤儿"解释为无母之儿，用以证明曹妻早丧，以便为他"娶新妇"创造客观条件。但这样的解释是不符旧时常情的。按我国旧时的习惯说法，无父之儿才能称"孤儿"，如通常所说的"孤儿寡母"。若曹雪芹果"娶新妇"，妻子去世时，父亲尚在，继母尚在，怎么称"孤儿"？若称其子为孤儿，置曹雪芹于何地？置继母于何地？

其实，只要细看一下，就知道诗中指的是"孤儿魂"。言其父母在阳间，唯稚子一人魂归地府，成了无父无母的"孤儿渺漠魂"。其后加"应逐"二字，是说"孤儿渺漠魂"应去追逐新近去世的曹雪芹。把"孤儿"简单地解释为"无母之儿"，显然不妥。

现在，只剩下"新妇飘零日岂瞑"一句中的"新妇"一词了。"新妇"的含义较泛，新婚之妇可以称"新妇"，新婚之男可以称"新郎"。然此类称呼受时间限制，若已经结婚三四年，仍以新郎、"新妇"称之，就要闹笑话了。"新妇"还可用来称呼续弦、妾等，此等称呼，不受时间限制，可长期使用，直到老死。若曹雪芹于乾隆二十四五年"南下娶新妇"，至乾隆二十七年除夕去世，历时两三年，其妻早就不是"新妇"了。曹雪芹坎坷一生，无纳妾之可能，故"新妇"解作"继室"为是。

我用了不少篇幅，对"南下娶新妇说"的证据逐一进行了批驳，证明这些证据没有哪一条是站得住脚的。也就等于间接证明了正确的不是"南下娶新妇说",而是周先先的"新妇公式"。

我之所以花大力气来证明"新妇公式",不是为了猎奇,不是为了赋予曹雪芹某种传奇色彩,而是为了更好的研究曹雪芹的"晚年",更好的研究《红楼梦》和脂评。因为"新妇公式"可以帮助我解决很多在通常情况下不能解决的问题。下面仅举两个例子。

例一:前引冯其庸先生的文章中提到的"甲申说",现又有人旧事重提,并在红学界产生了一定的影响。若证之以"新妇公式",它的错误很容易就被揭露出来。

不论"癸未说"还是"甲申说",要想得到人们的认可,都必须毫无例外地对脂砚在甲申八月写的一条"泪笔"做出自己合情合理的解释。脂砚"泪笔"的原文是:

"能解者方有辛酸之泪,哭成此书。壬午除夕,书未成,芹为泪尽而逝。余常哭芹,泪亦迨尽。每思觅青埂再问石史,奈不遇癞头和尚何?怅怅!而今后愿造化主再出一脂一芹,是书有幸,余二人亦大快逐心于九原矣!甲申八月泪笔。"

"癸未说"如何解释这条"泪笔"这里且不提。"甲申说"解释这条"泪笔"时,是把"泪笔"肢解为前后两条:"壬午除夕"以前为一条,以后为另一条。这样,"壬午除夕"和"甲申八月"一样,变成了评语的署年,"书未成,芹为泪尽而逝"一句,归并到后面一条中去了。经过肢解,"壬午除夕"和"芹为泪尽而逝"分别隶属于两条不同的评语,两者便完全脱钩了。

该说倡导者进而认为:前面一条署年"壬年除夕"的评语是畸笏写的,因为壬午年只有畸笏一人作评;后一条评语中提到了"一脂一芹",自然是脂砚的手笔。这样,不但评语变成了三条,连作评人都由一人变成了两人。

如此肢解"泪笔",能行吗?不妨请教一下周先生的"新妇公式"。

按公式的前半段：曹雪芹新妇＝脂砚

脂砚既然是曹雪芹的妻子，《红楼梦》成书以后，自当由脂砚收存，畸笏想评书，也只能从脂砚处借来。壬午春，畸笏从脂砚处借来了《红楼梦》书稿，在上面加了很多批。同年九月重阳日，书稿被脂砚索回。这在畸笏于重阳日写的一条评语中，交待得是相当清楚的。可知"壬午除夕"时，书稿在脂砚手中，此时何来畸笏之批？

那么，前面一条评语，能否是脂砚批的呢？也不可能。作为家庭主妇的脂砚，除夕之夜是很忙碌的。在合家团聚吃过团圆饭后，仍然有很多家务要做，脂砚哪会有时间、有精力挑灯夜读《红楼梦》，并在书中写出"能解者方有辛酸之泪，哭成此书"这样不太吉利的话来？

由此可知，不论是畸笏还是脂砚，都不可能于"壬午除夕"之夜在书上加评。故"壬午除夕"四字不是署年。

再按公式的后半段：脂砚＝史湘云

作为史湘云生活原型的脂砚是"马府"成员，深悉"马府内情"和"还泪之说"的底细。她曾在评语中说："知眼泪还债，大都作者一人尔！余亦知之，但不能说出。"故懂得"还泪之说"真正含义的，除曹雪芹外，唯脂砚一人。敢自称"能解者"的，也只有这位脂砚。畸笏是曹雪芹的叔父，他因不清楚曹雪芹在"马府"的幻梦详情，曾"误把荣府当曹府，误把荣府园当西园"，何敢以"能解者"自居？这同样能证明"泪笔"与畸笏无关。

可见把"泪笔"肢解为三条评语，再把畸笏扯进来是没有道理的。在此基础上建立的"甲申说"，根基就不稳了。

故曹雪芹去世的时间，只能是"壬午除夕"。

例二：

脂砚于何时去世，是《红楼梦》爱好者很感兴趣的问题，根据"新妇公式"也可以对这个问题做出比较满意的回答。

曹雪芹去世后，《红楼梦》遗稿自然归其遗孀脂砚所有。脂砚去世后，无子，遗稿为其叔畸笏所得。他才可以在书上从容加评。

甲申八月，脂砚在书稿上写了一条"泪笔"，证明她此时尚在人世。

乙酉冬天以后，书稿上陆续出现畸笏之批，说明此时脂砚已经去世，书稿已经易主了。

故脂砚去世的时间，应在甲申八月以后，乙酉冬天以前。

"新妇公式"可能解决的问题，自然远不止上面这两条。例如，有好多没有署名的脂评，现尚无法确定它们的执笔人。引进"新妇公式"，其中相当一部分都有了答案。又如，运用"新妇公式"来研究《红楼梦》稿本及其传抄情况，好处就很大。在下一节中，我们将详细探讨这个问题。

三、穷时未著书，著书非穷时

谈论曹雪芹的晚年，下面的两个问题是不应回避的：第一，曹雪芹晚年是否还在写作《红楼梦》；第二，《红楼梦》稿本及其传抄情况。

研究这两个问题的人很多，结论也不尽相同。这里，只想谈我的一些新看法，这些新看法是在本文上面两节的基础上提出来的。

第一个问题：曹雪芹"晚年"是否仍在写作《红楼梦》？

我的意见是否定的。

或问：脂砚在"泪笔"中不是说："书未成，芹为泪尽而逝"吗？这不等于说曹雪芹去世时还没有把书写完吗？曹雪芹去世时还没有把书写完，证明他晚年还在写书。

我认为，这样来理解脂砚的"泪笔"，似过于偏颇。"书未成"三字，固可理解为曹雪芹晚年还在写书；但也可理解为书中尚有某些缺失处，直到去世时也没有修补好。"晚年"没有写书，正可用来作为"书中某些缺失处，没有修补好"的原因。

后面一种解释似更为合理，理由如下：

1.《凡例诗》："十年辛苦不寻常。"

前文曾提到曹雪芹开始撰写《红楼梦》的时间是乾隆十五六年，至乾隆二十四五年四月定稿，整合"十年"。若曹雪芹（也包括脂砚）晚年还在继续写书，那就不是"十年辛苦"，而是"十几年辛苦"，与《凡例诗》明显不符。

2. 众多脂评证明，乾隆二十四年以前，曹雪芹不但写完了前八十回，也写完了后三十回。

这些脂评不但提示了后三十回的主要内容，也提到了后三十回中的某些回目。如："薛宝钗借词含讽谏，王熙凤知命强英雄""花袭人有始有终""证前缘"等，甚至还提到了后三十回中的《十独吟》和"落叶萧萧，寒烟漠漠"这样的诗句。最能说明问题的是庚辰本第二十二回的一条眉批，言及宝玉"始终跌不出情榜"，署年为"己卯冬月"。"情榜"是后三十回中的最后一回。这说明曹雪芹在二十四年（己卯）冬月以前，已经写完《红楼梦》的最后一回。可见，此时后三十回不但已经"增删五次"，纂成目录，分出章回，而且达到了可供人借阅的地步。

曹雪芹于乾隆十五六年开始撰写《红楼梦》，至十九年（甲戌）撰写完《红楼梦》前四十回加评定稿，用了三四年的时间。庚辰本第七十五回前记有"乾隆二十一年五月初七日对清"字样，说明二十一年五月以前，曹雪芹至少写了七十五回，很可能是八十回或更多，亦即从乾隆十九年至二十一年曹雪芹写了另四十回。再从二十一年以后至二十三四年，曹雪芹写完后三十回。用现在的眼光看，平均每三年写四十回书的速度不算快，但若放宽到《红楼梦》是在一面造园，一面写书的情况下写出来的，是在作者"增删五次"的情况下写出来的，其进度还是不慢的。

从乾隆二十三四年到二十七年除夕曹雪芹去世，其间还有三四年。此时《红楼梦》全书已经脂砚加评定稿。若说他还在继续写书，写什么呢？是对原书进行小修小改吗？不对，因为有些地方反而改坏了。再说小修小改也用不了三四年。

有人认为曹雪芹晚年改写了《红楼梦》的后三十回，证明材料是下面

两条脂评:

"奸邪婢岂是怡红应答者？故即逐之。前良儿，后篆儿，便是确证。……己卯冬夜。"

"此系未见'抄没''狱神庙'诸事，故有事批。丁亥夏，畸笏叟。"

署年"己卯"是脂砚之批。这是大家所公认的。

脂砚在乾隆二十四年（己卯）作评时，自然知道后三十回的内容。畸笏在乾隆三十二年（丁亥）写的评语中却说未见"抄没""狱神庙"诸事，说明这两部分是曹雪芹"晚年"改写后三十回时加进去的。

对上面两条脂评做如上解释，欠妥。

因为脂砚无疑要比畸笏更清楚后三十回的内容。

她在前一条评语提到的良儿、篆儿、红玉被逐，任凭你查遍《红楼梦》，也找不到"前良儿、后篆儿"以及红玉被逐的任何消息。可见，良儿、篆儿、奸邪婢"红玉"另有其人，另有其事，与《红楼梦》中的故事无关。

据我的估计，良儿、篆儿是"马府"中先后被逐的两个丫头，红玉的生活原型则是另一个被逐的丫头。脂砚的评语是结合现实生活，是就事论事。

畸笏不清楚"马府"的情况，也就看不懂脂砚的这条评语，他作评的根据是后三十回中的故事，是就书编事。

一位是"就事论事"，一位是"就书编事"。评论的观点相左是极其自然的。因而不能据此得出曹雪芹"晚年"仍在继续写书的结论。

3.从曹雪芹"晚年"的心态分析，他也不会继续写书。

曹雪芹"晚年"远离掀起造园热的海淀、香山一带，另行结庐，并更学改号，仿魏野之所为，一心向往当一名"隐者"。其时他年纪不过四十多，正值壮年，本人又多才多艺，家中人口也不多，可他却置家计于不顾，终日酣沉于醉乡中，终致"举家食粥酒常赊"。说明他晚年思想消极出世，看破红尘。这些，前面已经讲到了。

曹雪芹迁居新庐之日，正是《红楼梦》完稿之时，这绝不是偶然的巧合。撰写《红楼梦》是曹雪芹了却心愿的一桩大事。《红楼梦》完稿后，欠的债，债已完；流的泪，泪已尽；通过传情于书，终于自色悟空。他之所以另结新庐，是为了在了却心愿、自色悟空以后，过一种全新的理想的"隐者"生活。

已经摆脱感情纠葛的曹雪芹，当不致重蹈情海，再堕"情根"，继续倾情于《红楼梦》的撰写或修补工作。

4. 此外，我们还可从正面证明，曹雪芹"晚年"不但没有继续撰写《红楼梦》，甚至连书中的小修小补工作都没有做。

例如：

第二十二回至惜春谜止，以后缺失俟补。直到曹雪芹去世，也没有补成。致使畸笏叹曰：

"此回未成而芹逝矣，叹叹！"

庚辰本第七十五回有一单页，上记：

"乾隆二十一年五月初七日对清，缺《中秋诗》，俟雪芹。"

从乾隆二十一年五月初七日到二十七年除夕，脂砚整整"俟"了六年半，也没见曹雪芹把《中秋诗》补上去。

上面两处小修补，对曹雪芹来说不过是举手之劳。连这样的小修补都没有补上，怎么能说曹雪芹"晚年"还继续写书呢？

不仅曹雪芹"晚年"没有继续写书，就连脂砚在乾隆二十四五年以后，也没有再评书，脂砚为《红楼梦》写的署年评语中，以署"己卯冬夜"的评语为最晚。书中虽有一条脂砚于甲申八月写下的"泪笔"，但那时曹雪芹已经去世了。

在《曹雪芹是造园师吗？》一篇中，我曾用敦诚《寄怀曹雪芹》诗证明，曹雪芹写书时并不穷困，这里我又证明曹雪芹"晚年"贫困时却没有写书。现在通行所说的"穷愁著书"不太符合曹雪芹的实际情况，用"穷时未著书，著书非穷时"来取代"穷愁著书"的说法似更为合理。

第二个问题：《红楼梦》稿本及其传抄情况。

一位朋友曾对我说，现在的"红学"研究已经到了"分子水平"。所谓"分子水平"，是说"红学"研究已从宏观转向微观，转向对书中一字一词的对比、分析、研究。这位朋友的话并未引起我太大的注意。直到阅读了一些有关《红楼梦》早期抄本的文章后，才体会到什么叫作"分子水平"。

红学家们研究《红楼梦》早期抄本的文章数量不多，但几乎都达到了"分子水平"。对这些文章，我自然不敢妄加评议。但是，红学家们似乎有一个共识，即他们多数都认为曹雪芹在乾隆十九年已经写完全书，从乾隆十九年至二十七年除夕，曹雪芹还在继续撰写或修改《红楼梦》。正是在这一点上，我有一些新的、不同的看法。

在《曹雪芹在西郊小探》一篇中，我已经证明："甲戌重评本"最多只有四十回，不可能有四十一回。"

在庚辰本第七十五回前所记的"乾隆二十一年五月初七日对清"句中的"对清"二字，按我们的理解，是脂砚拿自己的"一次誊抄本"与曹雪芹的原稿本"对清"。如果没有理解错，那么，我可以很容易得出以下四点结论：

1.正常情况下，作者只有在文章定稿后，才请人誊抄加评。乾隆十九年出现了只有四十回，不可能有四十一回的"甲戌本"，说明乾隆十九年以前，《红楼梦》前四十回已由曹雪芹"增删五次，纂成目录，分出章回"，基本定稿；四十回以后部分，正在撰写修改之中。也就是说曹雪芹是以四十回作为一个"创作单元"进行创作的。

2.乾隆二十一年五月初七日已经誊抄对清至七十五回，说明此时第二个"创作单元"亦已定稿，曹雪芹本人此时或正在撰写、修改第三个"创作单元"——后三十回。

3.以四十回为单元整理誊抄出来的本子，正文不能很好前后照应，加评人在加评时尚不知下一个"创作单元"的具体内容，故没有评语或没有"杨后文"之类的评语。因此，它不是一个成熟的、完整的本子，而是一个带有过渡性质的"一次誊抄本"。尽管它的正文可能更接近曹雪芹的原稿。

4. 现在各种手抄本，评语中都有"伏后文"字样，还具体谈到了后三十回，说明它的底本不是脂砚的"一次誊抄本"。这也说明，《红楼梦》不但有"一次誊抄本"，还有一个"二次誊抄本"。

上面四点，可以帮助我搞清《红楼梦》的成书过程。

《红楼梦》每回约八千字，如果按每天誊抄二千字计算，四天可誊抄一回。这样，誊抄一个"创作单元"所需的时间约一百六十天，即半年左右。然后脂砚、畸笏等人阅稿，加侧批、眉批（是谓重评），还需要不少时间。

"甲戌本"于乾隆十九年重评定稿，重评定稿的时间按半年至一年计算，可推知前四十回底本的完稿时间，不会超过乾隆十八年。

乾隆二十一年五月初七日，已经誊抄至七十五回，仍按上面的办法推算，第二个"创作单元"底本的完稿时间，不会超过乾隆二十年年底。

我估计：第一、二个"创作单元"（前八十回）有一次和二次誊抄本，后三十回只有"一次誊抄本"。

理由有二：

1. 若有"二次誊抄本"，脂砚手头应该保存有后三十回的两种不同的稿本。纵然因其中一种稿本被借阅者丢失部分章节，还有第二种稿本备用。畸笏就不会为此而"叹叹"不已。

2. 前八十回的"一次誊抄本"的正文和评语，都存在着与后文照应的问题，需要第二次誊抄。后三十回没有这个问题，不需要第二次誊抄。

故"二次誊抄本"只有八十回，如仍按前面的办法推算，二次誊抄需占用一年左右的时间。

乾隆二十五年，二次誊抄"秋月定本"，故可推知脂砚开始二次誊抄的时间是乾隆二十四年秋月。

第三个"创作单元"只有三十回，一次誊抄的时间用不了半年，为简便计，仍假定为半年。那么，我们便可推知曹雪芹撰写第三个"创作单元"的完稿时间，不会晚于乾隆二十四年的春天。

综上所述可以知道，《红楼梦》共有三种不同的底本。即"底稿本""一次誊抄本"和"二次誊抄本"，各本的主要特征是：

"底稿本"：一百一十回，因修改而显得凌乱，无批。

"一次誊抄本"：一百一十回，没有或仅有小量双行小字批，有侧批和眉批，没有"伏后文"之类的批语和回前评。

"二次誊抄本"：八十回，各种评语齐全。包括：增加了双行小字批（其中部分小字批原为"一次誊抄本"的侧、眉批），另增加了一些侧、眉批，还增加了回前评等。

脂砚去世前，是否还有"三次誊抄本"？大概不会有了。因誊抄一次工作量太大，时间占用太多。乾隆二十五年以后，新居于"寂寞西郊"，家境日趋贫困，加之曹雪芹嗜酒。如若没有特别需要，脂砚是不会再把全书誊抄一次的。

上面讲的是《红楼梦》的写作过程。下面谈谈这三种抄本的传抄情况。

曹雪芹在世时，抄本是否向外借阅？不清。但存在着向外借阅的可能性。现早期抄本缺第六十四回及第六十七回，或与外借有关。

曹雪芹去世后，脂砚去世前，"一次誊抄本"可能经脂砚之手借给她的娘家人，如棠村、梅溪、松斋辈阅读。稿本上有他们的评语可以作证。此次借阅的誊抄本即明义、永忠可见的《红楼梦》手抄本。还书的时间大约是甲申八月。脂砚在"一次誊抄本"上写的"泪笔"，或系还书时她目睹旧物有感而作。畸笏所说的后三十回中某些章节迷失，或系此次外借所致。

脂砚去世后，无子，稿本归畸笏所得。计有：

"底稿本"：残缺不全，或全部遗失。

"一次誊抄本"：一百一十回，后三十回缺失不全。

"二次誊抄本"：八十回，缺第六十四回及第六十七回。

畸笏接过稿本后，于乙酉、丁亥年首先在"二次誊抄本"上加评，并进行整理。整理好的"二次誊抄本"更名《石头记》借给了关照过他的怡亲王弘晓过录，过录本即现在的"己卯本"。

我把稿本借给怡亲王府的当事人定为畸笏而不是曹雪芹，主要因为曹雪芹的青少年时代是在"马府"度过的，与怡亲王府不会有太多的交往，故经他之手借给怡亲王府的可能性不大。而老怡亲王允祥是畸笏的大恩人。畸笏得书后第一个想到怡亲王府是很自然的。

稿本从怡亲王府收回后，畸笏又参照"一次誊抄本"进行了点改。点改后的过录本即现在的"庚辰本"。

此时，畸笏开始对"一次誊抄本"进行加工整理，并重新誊抄了一次。加工整理的方法是：较多地保留了该抄本的正文；把"二次誊抄本"上的评语增补进去；同时把部分侧、眉批改动了位置，如把"二次誊抄本"第一回的回前评改写为"凡例"等；另增加了几条侧、眉批；还对自己过去写的几条不太满意的评语做了补充。直到乾隆三十六年以后，"新誊清本"才全部完工。

因"一次誊抄本"后三十回部分章节迷失，无法整理。故"新誊清本"只有八十回。但却有"二次誊抄本"所缺少的第六十四回和第六十七回。

这次誊抄整理时把第二十二回、第七十五回缺失的地方修补好了。第十三回的一条评语中，加进了"遗簪、更衣诸文……"一段文字，第二十二回的一条评语中加进了"不数年……"等十六字，同回另一条评语中加进了一个"补"字，等等。当然，抄错了的地方也不少。

陆续增加的新评语有：

乾隆三十三年（戊子）增加了一条新评语：

"……戊子孟夏，读虞子山文集，因将数语秒此，后世子孙，其毋慢忽之。"

乾隆三十六年（辛卯）又增加一条新评：

"……哀哉伤哉，此后文字不忍卒读。辛卯冬日。"

这个"新誊清本"可能是"靖本"的祖本，前四十回可能是"甲戌本"的祖本。

我对《红楼梦》稿本的早期传抄情况做如上描述，主要的根据是红学家们在这方面的研究成果，同时也想为这些研究成果找出一个比较合理的、全面的解释。早期抄本传抄很乱，要想把传抄本中所有问题都解释清楚是不可能的。

朱淡文先生在研究《红楼梦》早期抄本的传抄情况以后，编制了一张《红楼梦》版本源流简图，对我的帮助很大。但朱先生的这份"简图"没有涉及脂砚的第一、第二次誊抄本；也没有涉及畸笏的"新誊清本"。似不够全面。我在朱先生"简图"的基础上做了若干补充，另编制了一张《〈红楼梦〉版本源流简图》。是否妥当，请朱先生指正。

第九篇 附录

【附录一】曹雪芹先生新传（为塑曹雪芹新形象而作）

先生曹姓，名舒藻，又名霑，小名天佑；字芹圃；号雪芹，又号耐冷道人。其远祖自甘肃固原迁辽阳，遂家焉。先祖某从龙有功，得隶正白旗下。父頫，官江宁织造。母马氏，内大臣马武之幼女也。

先生于康熙五十四年夏某日酉时生于苏州李煦府。寻归江宁。随其叔頫织造之任。雍正四年，马武卒。其妻某氏接先生之京，寓于原恭王府后园之神怡所内。生活之优越，形骸之放浪，有如《红楼梦》中之宝玉。视先生若己出，为之捐内廷侍卫之职。及长，某表妹以情殉，祸及先生。二舅保祝钥先生于空室中，凡三年。先生做《风月宝鉴》以白心迹，然仍不能见谅于舅家，遂逐之。

时先生年及二十，足自立。入畅春园任笔帖式。习造园之艺有年。结识同寅张宜泉先生。旋辞职自操业。尝应某氏聘，赴京西蔚县造园。城西宗室敦氏之家园，亦先生之所擘画者也。先生与敦氏兄弟交谊颇深，盖始于此时。自是先生造园之艺日精，声誉日著。

乾隆十三年，先生南下江宁，适袁枚罢官，为之擘画随园，居园中者数月。大至园林之构思，细至花石之点缀，实得力于先生。论诗颇诋随园，且薄其为人，以雨村辈目之。是年冬，先生北归，途经瓜州，有沈某者慕其名，邀先生擘画家园，留瓜州逾月，相处甚欢。先生做《天官图》赠之。

乾隆十四年返京，适乾隆欲兴建长春园，需造园师孔急。先生满舅"权相"傅恒做"鸿博之荐"，致有"苑召"之邀。先生应"召"任内务府堂主事。时先生鳏居，知"马府"某表妹自号脂砚者新寡，娶之为继室。遂携脂砚迁居长春园附近之"蓬蒿屯"。

先生深悉传统造园理论之不足，每能推陈出新，有奇想。建议颇多，意欲竭全力以"补天"。然不能取悦于有司，未克舒其志。约一年，愤而辞职。调赴"西洋楼"工程司绿化设景，朗世宁其新交也。

先生自谓"无材补天"，乃于工作之暇，据旧著《风月宝鉴》奇传《红楼梦》小说。书中之大观园，盖先生毕生造园经验之总结也。先生应邀为宗学造景，亦在此时。乾隆十九年，《红楼梦》得四十回，脂砚为之誊清加评如故。乾隆二十二年，先生返城擘画北海之静心斋。敦诚闻之，作《寄怀曹雪芹》，劝先生安心著书，少出外造园。

乾隆二十三四年，百十回之《红楼梦》脱稿，乾隆二十五年秋，脂砚再次誊清加评，四阅定稿。历"十年辛苦"之巨著《红楼梦》告竣于斯矣！

先生一生，递经坎坷。炎凉之情，历之几遍，过客之义，验之弥深。书成后，乃于西郊某景趣幽绝处结庐归隐。改字梦阮，号芹溪居士，仿魏野之所为者。是时也，色空既觉，前缘已了。或作画吟诗，或寻真访道。终日沉酣于醉乡中，不及生计，几至食粥卖画度日。然持才傲物，作青白眼，不减当年。张宜泉、敦敏、敦诚辈尝造访先生，各有诗志其事。

乾隆二十七年除夕，先生病逝，终年四十八岁。友好赋诗悼之者众。

先生子早夭。遗孀脂砚常哭先生，泪几尽。乾隆二十九年八月，作"泪笔"悼先生。旋亦逝世。

《红楼梦》书稿部分遗失，余为其叔畸笏所得。前八十回流传至今，其不幸中之大幸欤？

一九九二年五月　于钓雪斋

【附录二】 大观园部分景点与其艺术原型对应表

大观园景点	对应景点	大观园景点	对应景点
怡红院	萃景园中路	潇湘馆	取材随园主景区
绛云轩	建筑外观取材于怡神所；室内装饰取材谐奇趣	天上区	长春园思永斋以西一片景区
葬花区	萃景园西路	中央水池	思永斋西面之水池
滴翠亭	原观鱼亭	省亲别墅	思永斋
稻香区	随园门外一侧之水田、鱼池、紫山、菜圃、山庄	蘅芜苑前院	小有天园
稻香村	袁枚某佃户家	惜春院	得全阁
栊翠庵	永庆寺院	芦雪庵	花神庙
沁芳亭	双湖亭	迎春园	玉玲珑馆

【附录三】作者曹昌斌君（1927—1996）小传

曹君名昌斌，湖南零陵人，一九二七年出生。他祖父辈颇有田产，但到父辈已败落。按土改政策规定应是贫农，他却在自报出身成分时填写为地主，因此也犯了出身不好罪。一辈子倒霉。

一九五〇年考入唐山交大建筑系，一九五二年并入天津大学，一九五三年毕业分配到清华建筑系任教。一九五六年因不满系领导，被刘冰（时任清华大学党委副书记）定为"曹张反党集团"的头目，一九五七年顺便定为右派，二类处理，下放监督劳动。

从清华出来最初到北京市第二地方工业局建筑工程处下属工地。一九五八年随该工程处并入北京市建工局二建公司三工区。一九六二年摘帽，调到二建公司本部技术科，初步脱离苦海。可惜时间不长，一九六六年"文化大革命"开始，他又继续遭受折磨。

当时所有右派都有这种遭遇，本不独老曹为然。但因他少年时，适逢日寇犯湘南，全家逃难进深山。他由此罹患风湿病，因缺医少药，加上生活条件恶劣，落下严重的风湿性心脏病。下到工地后，他不顾病体，积极劳动，心脏病加剧恶化。他曾告诉我，他的二尖瓣狭窄手术比较简单，打开胸腔后，捅一下就行。但就当他准备做手术时，风云突变，二建公司西迁酒泉，他被排斥，调三建。未几，三建调到十堰建二汽，他随同前往。在那里，

他渡过十年浩劫。其间，身患重病还干重劳动（打混凝土），后来病体不支到医院做手术，适逢捉"小爬虫"运动，主刀大夫被打下去扫厕所，改由一个二把刀主刀。还在手术半途遇到停电，而管理发电机的人锁上门不知去向了。于是，在手电筒照耀下匆匆结束手术，其效果可想而

知。回到工地，继续被强制劳动，终于酿成房颤。此时是一九七四年。

一九七六年他调回北京到房管局房修二公司。以他的才能，自然成为技术骨干。有口皆碑，无须赘述。一九八七年他受命主管北京市大观园修建工程技术工作。由于他对《红楼梦》素有研究，工作过程中发现不少问题，便继续对曹雪芹造园思想进行系统研究。一九八七年他年满六十，谢绝了本单位的挽留及别处的高薪聘请，安贫乐道，把生命的最后十年献给《红楼梦》研究。

老曹粗服乱头，其貌不扬，真所谓"屡貌寻常行路人"也。然其人实为"内秀"，以貌取人者，失之矣。性内敛深沉，不事张扬。十年考红，颇多创见，姑择其大者言之。

其一，透过对大观园的分析，总结了曹雪芹的造园思想，条分缕析，颇见功力。他为大观园分区，为曹雪芹的设计思想作注。使读者对花团锦簇的大观园能有一个清晰的印象，只此一端，功德无量。试问读者诸君，阅读《红楼梦》一遍、两遍、三遍甚至百十遍后，对大观园有如此清晰认识耶？

他还根据逸史所载曹雪芹曾就职于长春园工程，并设计了随园，乃大胆假设大观园之原型为此二者之结合，虽难证明，亦颇言之成理。

由此种种，他认为清初南有计成，以《园冶》一书奠定城市小型私家园林的理论基础。而曹雪芹所设计的大观园，为城市大型园林奠定理论基础。因此，他提出"南计北曹"并列造园大师的提法，不知造园家们以为如何？

其二，脂批本中有一句"京中富贵首吾门"，如谓此"吾门"指曹府是说不过去的。老曹根据一个放冷了的说法，说书中所述乃傅恒家事，因其内有皇后，外有将相也；及另外一些蛛丝马迹，大胆推论曹雪芹之外家为富察氏，书中甄家即曹家，而贾家乃富察家。脂砚为其表妹，一如书中史湘云，系富察家人，故敢称"京中富贵首吾门"，云云。照此说法，很多红学中的疑难迎刃而解。实在是一个很好的假说。

　　此外独立见解还不少，成书二十余万字，插图若干幅。虽经多方努力，仍未能问世，于一九九六年九月二十八日夜，抱憾而卒，终年六十九岁。发表于《古建园林技术》的《从大观园探曹雪芹的造园思想》仅其十分之一。

——曾庆华（曾是清华大学水利系教师）

后 记

我写这篇《后记》的目的，是想通过讲述这本小册子的成书过程，来证明书中的结论是正确的。

总的来说，成书过程非常顺利，没碰到太大的困难。从开始构思到写完初稿，只用了两年的业余时间（1987—1988年）。这对像我这样的高校建筑学教师，对"红学"并不深知的人来说，是过去连想都不敢想的。为什么能如此顺利、如此迅速地写完初稿？根本的原因，是我选择了一条比较正确的道路。

每个人都有这样的体会：在解数学难题时，选择的方法不对，尽管花了不少力气，弄得头晕脑涨，结果还是出不来；若方法选择对了，不用花太多的力气，也会一帆风顺，结果自然而然地出来了。这时才感到，原来如此！

我写完这本小册子时，就有了这样的感觉。

几十年来，红学家们不断努力，已经积累了大量有关曹雪芹生平的资料。按理说，搞清曹雪芹的生平事迹，该不会太困难了。可是，由于红学家们受到某些传统观点的束缚和局限，一直未能打开局面。我是搞工程技术的，懂得虽不多，但头脑中的框框较少，反而有利于解放思想，突破传统模式，选择一条我认为最有利的，因而也是比较正确的道路。

下面想说得具体一些。

这本小册子题为"新探"。其实，文中所引用的资料一点也不新，都是红学家们搜集到的，也是被反复引用过的旧资料。其中许多取自周汝昌先生的《红楼梦新证》。不过，有三点绝对是新的，即一个"确认"和二个"假设"。

一个"确认"：确认"景区"是构成大观园的基本单元。

两个"假设"：假设曹雪芹是位职业造园师；假设曹雪芹是马武的外孙。

有一首流行歌曲，叫《跟着感觉走》。一个"确认"，两个"假设"，就是我的"感觉"。这本小册子就是跟着"感觉"走出来的。

确认"景区"是构成大观园的基本单元并不困难，只要把《红楼梦》第十七至十八回贾政游园一节读上几遍就知道了。

作为这本小册子的第一篇文章，也是其他诸篇所反复引用的《从大观园探曹雪芹的造园思想》一文，就是在这个"确认"下写出来的。该文的主要内容如：大观园"景区"的划分，"景区"的特色，"景区"的分割和联系，"景区"品种和档次的多样化，"景区"和庭院的人物性格化，串联各主要"景区"的"水路游园"，以及由不同"景区"构成的"天仙宝境"的思想主题等，都毫无例外地围绕着"景区"二字做文章。"景区"犹如大观园的"纲"，抓住这个"纲"，其他诸问题很容易便理清楚了。

我在寻找大观园的艺术原型时，同样利用了这个"纲"。

过去，有不少人寻找过大观园的艺术原型。除胡适先生和周汝昌先生外，其他人都收效甚微，以致后来有人把寻找大观园艺术原型的人讥为"好事之徒"。究其原因，主要是他们没有"景区"的概念，总把大观园看成是一个完整的整体，想找出一座和大观园一模一样的园林来。实际上，世界上不可能有这样一座规模宏大的府第花园。我根据一个"确认"，把大观园分为园林"景区"，民间"景区"和"皇苑"景区，然后分别去寻找它们的艺术原型，终于把它们的艺术原型一个一个地找了出来。

在"找原型"的过程中，没有花太大的力气。随园，胡适先生在七十年以前就已经找出来了。萃锦园，周汝昌先生把它找出也已经有四十多年。只要把这两座园舒展开，和我绘制的《大观园平面复原示意图》比较一下，证实一下就行了，无须别出心裁，另立异说，置前人的研究成果于不顾。

长春园却是我找出来的。虽查阅了一些资料，但在查资料以前，已经认定大观园天上区一带的景物，一定取材于长春园。这是因为在北京的园林中，只有长春园的建造年代（乾隆十六年至乾隆二十四年）和曹雪芹撰写《红楼梦》的时间同步。作为造园师的曹雪芹，如果他参与了长春园的擘画工作，完全有可能把园中的景物写进自己的书中。

回忆一下核实资料时的情况是很有意思的。

我找来了一张长春园的平面图，很快就确定园西南部的思永斋可能是"省亲别墅"的艺术原型。我便立即写信给一位对长春园很有研究的老同学，请他给我介绍思永斋的情况，并在信中预测说：思永斋的前院一定是崇阁巍峨，琳宫含抱；后院一定是层楼高起，复道萦纡。待接到回信和寄来的资料后，打开一看，和我的预料完全相同，甚至比我的预料更好。不但前院大门前有和"北京大观园""省亲别墅"前同一样式的石码头和石栏杆，而且东北角上还附有一座小小的"禅园"——"小有天园"。

在我阅读《红楼梦》时，就已经意识到"省亲别墅"东边的蘅芜苑前院是一座"禅园"，现思永斋东面出现一座"禅园"，绝不是偶然的巧合。于是，我接着在思永斋周围寻找大观园里的对应建筑，终于找到了惜春院和芦雪庵的艺术原型——得全阁和花神庙。这便使我得出结论：曹雪芹熟悉长春园，到过长春园！长春园里的思永斋一带确实是天上区的艺术原型。

"找艺术原型"的工作本可到此为止，后偶然在一本旧杂志上看到一篇文章，上面提到了谐奇趣里的"美人挂毯"。这使我联想到了刘姥姥在绛云轩里看见的"美人画"，这样，我便对谐奇趣发生了兴趣。承蒙研究北京园林的专家赵光华先生来信详细介绍了谐奇趣的情况，使我更加确信谐奇趣即绛云轩室内装饰的艺术原型。

通过确认"景区"是构成大观园的基本单元，我总结出了曹雪芹的造园思想，找到了萃锦园、随园、长春园这大观园的"三大艺术原型"。

一切都进行得非常顺利！

再说两个假设：

在撰写《从大观园探曹雪芹的造园思想》一文时，就已经确认曹雪芹是位职业造园师。如若他没有造园的实践经验，就不可能有一套完整的"造园思想"。这几乎是土建从业人员的普通常识。问题只在于如何证实而已。

于是，我找来了周汝昌先生的《红楼梦新证》，从前往后查，终于查到了无名氏的《曹雪芹先生传》，知道随园果然是曹雪芹擘画的。为搞清随园的情况，又找到了卞孝萱先生编制的《随园图表》，一看《随园图表》，第一印象就是随园门外的"靠山山有脉，临水水有源，高有隐寺之塔，下有通寺之桥"。这不是等于告诉我，稻香村的艺术原型就在随园门外吗？从而开拓了我剖析《随园图表》的眼界。很快得出了随园是大观园艺术原型的结论。

从曹雪芹造随园到曹雪芹是造园师，还有一段距离。这里，我采用了"假设求证"法。因此法牵扯到胡适，故一般研究者不敢问津。我大胆运用"假设求证"法，重新认识曹雪芹生平的有关资料，结果竟然出现了奇迹。资料中的矛盾，差不多都能解决，证明假设成立，曹雪芹确实是一位造园师。

一切同样进行得非常顺利！

第二个假设认为：曹雪芹是马武的外孙，这也是在我头脑中酝酿了很久的一个问题。当写完《萃锦园拾萃》中的两篇短文的初稿时，我就想：曹雪芹这么熟悉萃锦园，必然非常熟悉萃锦园的主人。园主人是谁？与曹雪芹是什么关系？值得探讨。之后不久，猛然想到了"占府"问题。便找了几位研究清史的朋友一起研究内务府权势人物"占府"的可能性。后来通过李荣保家占用明珠遗府，认为这一可能性是存在的。至于谁家占用了原恭王"空府"和萃锦园，几乎没有怎么考虑就确认是马武家。

余下的还是一个证实问题。

我的第一项工作是查阅马武家的"家谱"。当我去图书馆查阅马武"家谱"时，心中很是不安。万一查出来的马武家的情况与荣府不符怎么办？似像非像怎么办？直到从《八旗满洲氏族通谱》上得知了马武家的情况以后才安下心来。原来马武家的情况和荣府如此相同，以至连我自己都感到吃惊。假设成立。

我重读了一遍《红楼梦》，梳理了一遍有关曹雪芹生平的资料，很快找到了十多条可以作为佑证的材料，终于证实了假设。

这一切，进行得又是非常顺利。

一切都非常顺利，一切都一帆风顺，想要找什么样的资料，找来的资料完全符合预期的要求，甚至比预期的要求更好。这说明什么呢？我认为：这说明我的一个"确认"，二个"假设"是完全正确的，说明我选择了一条比较正确的道路。

在撰写这本小册子时，曾有三次因工作特别顺利而感到特别高兴；一次是从《红楼梦新证》上查到了无名氏的《曹雪芹先生传》，证实了我的假设。一次是查完《八旗满洲氏族通谱》后，发现马武家的情况竟和荣府一模一样，另一个假设被证实了。还有一次是破解了袁枚诗话中的"已百年"三字。因为这三个字像是一只拦路虎，不赶走这只拦路虎，我便无法继续前进。这三次，使我高兴欲狂，彻夜难眠，充分体验到了研究工作的乐趣！

当然，也还有因不顺利而感到遗憾的时候。

例如：我曾设想会芳园的艺术原型可能是明珠遗府的"西花园"（今宋庆龄故居），虽然我认定曹雪芹非常熟悉"西花园"，完全有可能把"西花园"作为会芳园的艺术原型。终因资料不足，无法行笔，只好忍痛割爱，遗憾非常。

又如：为了探寻曹雪芹在书中安排一个"钗、黛合一"的内心根据，宝钗、黛玉的生活原型是不是同一个人的两个方面？多方查找证实材料，也没有找出合理的解释。作为这次探寻工作的附产品，就是在《试探曹雪芹的青少年时代》一文中硬塞进去的关于"甄、贾宝玉合一"的那一段。我想，如果不把曹雪芹为什么要写"钗、黛合一"的问题搞清楚，就很难说真正了解了曹雪芹。这当然也是一大憾事。

尽管有遗憾，这本小册子还是写完了，感到很高兴。这里，应该衷心感谢在我撰写这本小册子时曾给我以帮助的专家们和朋友们。给我以帮助的土建同行有赵光华先生，孙永林先生，英若聪先生，何重义先生。

红学界的专家有张书才先生，杜景华先生，顾平旦先生。还有哈工大的曾思义先生，人民大学的李凌先生，对外文化交流中心的中梦西先生。我不会写文章，作家中杰英先生不但给我讲了写文章的方法，还亲自动手修改，并纠正错别字。我深知，单凭我们两人的力量，是写不出这本小册子的。

最后，有一点必须声明一下：包括这篇《后记》在内的几篇文章，或写得过于自信，自以为是。我多少还有点自知之明，何敢自视太高！切望读者，专家和朋友们批评指正！

一九九二年六月　于钓雪斋